増補版

戦場の記憶

冨山一郎

日本経済評論社

増補版　序

ベネディクト・アンダーソンの『想像の共同体』の増補版が刊行されたのは、一九九一年だった（翻訳は一九九七年）。『戦場の記憶』が刷り上った一九九五年の初夏、私は米国のコーネル大学で客員研究員をしていたが、そこでも『想像の共同体』、とりわけ増補版に新たに加えられた二つの章である「人口調査・地図・博物館」と「記憶と忘却」をめぐって、さまざまな議論が交わされていた。私の『戦場の記憶』も、当時の『想像の共同体』をめぐるこうした議論から多くを学んでいる。それから一〇年あまりたった今、『戦場の記憶』の増補版を刊行するにあたり、当時執筆する中で抱きながらも、その後しまい込んでいった問題を、まずはアンダーソンの『想像の共同体』にかかわらせながら記しておきたいと思う。

それは、記憶をめぐるこの一〇年間のこの国での議論への違和感について語ることかもしれない。すなわち記憶をめぐる政治ということが、学的真実性を帯びた歴史的事実と政治という区分において語られ、記憶の領域は事実を語る歴史家のもとに確保された上で、記憶をめぐる政治は、結局のところ既存の政治構図における記憶という資源の運用の問題へと切りちぢめられていったのではないだろうか。『戦場の記憶』で考えようした記憶の政治という問題を、今一度『想像の共同体』を手がかりにしながら考えてみたいと思う。

またそれは、単純化と一般性を帯びた定式化のなかでツマミ食いされていった『想像の共同体』の残骸を、拾ってみることでもあるかもしれない。『想像の共同体』以降、アンダーソンの議論を汎用性の高い分析道具としてうけとめ、ナショナリズムや国民国家の分析に彼の議論を当てはめていく研究が量産されたように思う。それはまた、こうした諸研究をひとくくりにした上で、「国家はイメージではない」として批判し、制度や暴力を掲げることにより、アンダーソンもろとも否定していく議論とも共犯関係にある。だが、『想像の共同体』を最初に読んだとき受けた共感と衝撃が入り混じった感情は、私にとっては表層的に見えるこうした議論の展開の中で、取り残されていった。

『想像の共同体』を最初に読んで以来、飲み込んでしまった石のごとく臓腑にとどまり、うまく言葉として吐き出せない問いがある。アンダーソンはなぜ、この本を書いたのか。なぜ、ナショナリズムを検討せざるを得なかったのか。それは同書にかかわる問いというより、同書から私が勝手に構成してしまった問いといった方がよいかもしれない。

いまひそかにマルクス主義運動の歴史に根底的な変容が起きつつある。*1

これは初版『想像の共同体』の、冒頭一行目の文章である。そして次にアンダーソンが言及したのは、一九七八年一二月のヴェトナムのカンボジア侵攻、さらには翌年二月の中国のヴェトナムへの攻撃である。今こうした出来事を、現代史上の事件として検討しようというのではない。そうではなく、この冒頭の一行が示すのは、東南アジアにおいて革命を成し遂げた者同士が開始した殺戮を、衝撃を持って受け止めざるを得ない磁場の中に、アンダーソン自身がいるということであり、同書があるということなのだ。ヴェトナムのカンボジア侵攻は、世界の出来事として報道されるエピソードでも東南アジアをめぐる国際関係論の題材でもなく、答えが容易に見出せない胸の詰まるような衝撃として、ある人々には受け止められたはずだ。そして冒頭の部分から、彼もこの衝撃で胸を詰まらせたということ、そしてまた容易に見出せない問いを抱え込みながら同書が執筆されたということが、私自身の胸のつかえとともに了解できたのである。

それは、革命という望むべき未来に向けて投企された夢の中に身をおいた者たちが抱く衝撃である。そしてその衝撃とは、端的にいって、夢が裏切られることであり、未来が奪われることであり、未来を語っていた言葉が崩壊する事態に他ならない。米帝国主義ならびにその支援者である日本帝国主義と闘いぬき、そして勝利したヴェトナム革命とヴェトナム社会主義共和国に、決して一つにまとめることの出来ない複数の未来を賭けた人々が、世界中にいたはずだ。そしてその国家は、乱暴にいえば、夢を裏切ったのだ。アンダーソンの冒頭の一行は、この衝撃を記している。

この衝撃に対し、ある人々は夢を放棄し、またある人々はそれでも人民により樹立されたとされる国家の正しさにしがみついていった。またそれでも正しいと主張する者は、この国の文脈でいえば、互いに殺しあっているどの革命政権を支持するのかということをめぐって、競い合っていた。だが夢の放棄でもなければ、それでも国家は裏切っていないと開き直ることでもない道こそが、模索されなければならなかったのではないか。いや、今こそ模索すべきではないか。

私にはアンダーソンが、このとどまることも捨て去ることもできない夢の水脈を確保しようとしたように思えてならない。すなわち『想像の共同体』は、この夢の残骸から未来をもう一度獲得しようとする基礎作業なのではないか。「第二次世界大戦以降に成功したすべての革命が、みずからを国民的〈ナショナル〉用語で規定してきたこと」をどう考えるのかということが[*2]、極めて一般的で汎用性の高いフレームワークを提供しているように見える『想像の共同体』の、基本的モチーフだと思う。

したがって、本書のIII章の冒頭でも言及したナショナリズムの象徴として語られる無名戦士の墓とは、決して一般化される分析対象なのではなく、まずは英雄として追悼された革命の犠牲者の問題なのではないか。革命に命をかけ、そして裏切られてしまった者たちを、もう一度蘇らそうとする呪詛の言葉の中で、その墓に対し「鬼気迫る国民的想像力」(ghostly national imaginings) が満ちているとアンダーソンは記したのではないか。それは、革命という言葉に委ねられていた夢を、英雄同士が殺しあう戦場から見出そうとする営みなのではないか。

だがこの営みは、過去の歴史にかつての革命の夢を描くことではない。先取りして述べればそれは、断ち切られた夢の残骸を、今も継続する途上の夢として再確保することであり、死者が依然として英雄として留まり続け、生きている者たちが殺し合う今の戦場において、そしてその戦場に連累してしまっている今の日常において、別の未来への夢を、すなわち戦場ではない未来への夢を、描こうとする営みなのだ。記憶の政治という問題は、ここにかかわる。

いかなる罪を国民の政府が犯そうとも、そして時々の市民がその罪にいかに加担していようとも、他ならぬ〈我が国〉がなぜ究極的に〈善〉であるかを、それぞれの事例がすこしずつ異なりつつも相関した視点から示してくれる。さまざまな難題に苦しめられつつ千年期が変わろうとしている今日、このような〈善性〉のカードを捨てて、もっとうまい手をつくることがはたしてできるだろうか。[*3]

これは、一九九八年に刊行された『比較の亡霊』（翻訳、二〇〇五年）の最終章の末尾の文章である。『想像の共同体』の問題意識を引き継ぐこの本の最終章「ネーションの善性」は、ナショナリズムへの一見肯定的に見える評価と異様な達観が支配している。そこではこの大文字で書かれた「我が国（My Country）」の「善性（Goodness）」が、「いまだ生まれざる者たち（the unborn）」、「死者たち（the dead）」、「生きている者たち（the living）」という一見時系列的に並べることができるかのような三つの時間にそくして、論じられている。だが、そこから浮かび上がるのは、いわば宿命的な時間だ。

すなわち、「生きている者たち」の生は、「まだ生まれていない人々の名において発せられる要求」にもとづいて営まれ、[*4] したがってその要求の内容と生の意義は、事後的に、つまり生の後である「死者たち」を通してのみ確認される。いいかえれば、きっと要求にかなっているはずだという未来への予言は、要求にかなってきたはずだという遡及的な過去への眼差しにより不断に確認され、逆いえば、死者たちへの言及は、いつも未来への予言の中にあるということだ。こうした、未来に向かう行為の意味を遡及的に確認していくという行為遂行的な営みこそが、「善性」というあたかも初めから属性として備わり、未来においても存在し続けるような宿命を、生み出していくのである。アンダーソンは、こうした未来と過去の今における重なりを、「死者といまだ生まれざる者との幽霊的な結合」と呼ぶ。[*5]この「幽霊的な結合（combined ghostliness）」こそ、ネーションの「善性」を保証しているのだ。

だがこの「善性」は、ナショナリズムを善いものと悪いものに区分して考察しようとしているのではない。一見、ナショナリズムにも善い所があるということを主張しているだけに思えるこの章は、しかし、『想像の共同体』の冒頭とともに読まれなくてはならないだろう。「幽霊的な結合」は、無名戦士の「鬼気迫る国民的想像力」とともに検討されなければならないのだ。「幽霊的結合」においても、依然として国家のために命をささげた戦士が重大な論点になっているのであり、未来はこの戦士たちへの追悼において語られている。未来を開くために問われるのは夢の残骸であり、したがって考えるべきは、「善性」が宿命として存在するとするなら、その宿命にとり憑きながら宿命を生きることが許されない者たちを、蘇らすことではないだろうか。

＊

ところで『比較の亡霊』における、この最終章の最終節である「生きている者たち」をめぐる記述は、隠喩とアイロニーが交錯している。遂行的に宿命を構成する今を生きる人々を考察したこの最後の節において検討されているのは、いわば欲望の問題である。すなわち、社会から承認されていない者たちが承認を得ようとする瞬間に国家を求めるという問題であり、それは望むべき社会が国家への希求へと変貌する瞬間でもあるだろう。では、国家への希求を生み出す欲望とはなにか。

われわれはみな、同一国民に属する市民たちがどのような比喩を用いて自分たち同士の関係を理解するかをよく知っている。市民たちはアンティゴネーの兄弟たち、姉妹たちなのであって、夫と妻、親と子、男と女の関係にあるのではないし、ましてや女友だち同士ではありえない。市民的兄弟愛からは性的なことは一切除去されている。われわれはたがいの肉体やたがいの眼を見つめあうのではなく、はるか〈前方〉を見つめて立っているのだ。[*6]

はるか「前方（Up Ahead）」を見つめて、整列している国民。思わず身を引いてしまうその姿に存在するのは、「ある種の政治的な近親相姦の禁忌にふちどりされた兄弟愛の可能性」であり、[*7]その可能性を「ネーションの〈善性〉」だとアンダーソンはいうのだ。だがこの可能性についてアンダーソンは、禁欲的兄弟愛を最も体現するのが軍隊であるとした上で、ゲイやレズビアンの兵士たち、あるいは女性兵士が、禁欲的兄弟愛に「不穏な可能性」をもたらすという註を重ねる。

ゲイやレズビアンの兵士は、目を横や下に向ける不穏な可能性をもたらす。女性兵士は、公的な兄弟・姉妹の関係を私的な恋人同士の関係に変えてしまう可能性をたえずはらんでいる。[*8]

大文字で記された、唯一無比の「前方」を見つめて立っている者たちの「兄弟愛の可能性」とは、複数の「横（sideways）」や「下（down）」に目を向ける「不穏な可能性」のことなのか。読む者を混乱させるこの本文と註は、一体何を語っているのか。そして、軍隊における禁欲的兄弟愛を攪乱させていく不穏な愛とはなにか。さらにはそこでゲイ、レズビアンと女性は並置されうるのだろうか。女性兵士が軍事を担うようになって久しいが、そこに果たして別の可能性を見出すことは出来るのだろうか。

まず指摘すべきは、この愛に関わる問いは、社会的承認における国家の希求という論点とともに、日常性を構成する欲望やセクシュアリティが軍事に直接的に関わっているということである。「前方」を見つめて整列しているのは、軍隊だけではないのだ。毎日の日常性こそが軍事主義と手を結んでいるのであり、かかる意味で万人に開かれた志願制は、その究極の形態なのだろう。また次に重要なのは、ここでは軍隊という組織における欲望は、すぐさま既存の社会関係を前提にした社会学的実体や力学として議論されているのではなく、「ネーションの〈善性〉」という宿命的時間において遡及的に設定されているということである。すなわち、軍隊組織と兄弟愛を重ねて設定し、それへの対抗運動としてゲイやレズビアンの兵士あるいは女性兵士の存在が据えられているのでは、ない。[*9]

もちろんこうした権力関係あるいは力関係を実体化した上で、対抗運動を構想することが無意味だといっているのではない。ただ今、「善性」として設定されている問題は、国家権力と対抗運動という政治力学ではなく、宿命的時間にかかわる。すなわち禁欲的兄弟愛は遡及的に語られるのであり、いいかえればそれは、追悼にかかわる情動としてある。したがってこの禁欲的兄弟愛に包まれた集合性は、まずは無名戦士のものであろう。「鬼気迫る国民的想像力」には、この愛が充満しているのだ。そしてだからこそ、「アンティゴネーの兄弟たち姉妹たち」が問題になる。オイディプスの娘アンティゴネーは、禁じられているにもかかわらず戦死した兄の埋葬を行い、それゆえに墓に生き埋めにされる。父あるいは国家への忠誠として理解されるアンティゴネーの追悼行為であるが、周知のようにジュディス・バトラーはそこに、親族において維持された異性愛でも、国家への愛でもない愛を見出そうとした。[*10]

たとえばアンダーソンが禁欲的兄弟愛を語るとき、そこでは異性愛主義と国家への愛は、区分された上で同時に設定されている。いいかえればそれは、私的な親族関係と国家に向かう公的な領域がとりあえず想定されているといってよいだろう。またこうした設定において国家への愛が、男らしさという男性性を帯びることも、これまでにもくりかえし指摘されたことだ。したがって女性兵士がこうした男らしさという領域への攪乱になる可能性は、あるのかもしれない。だがアンティゴネーが主張しようとするのは、公的領域に対して私的領域を、あるいは男性性に対して女性性を対峙させることではない。少なくともそれだけではない。

すなわちバトラーがいうように、アンティゴネーが死んだ者たちに備給しようとしたのは、異性愛主義と国への愛の双方を維持するために禁じられた近親相姦に関わる欲動なのである。それはネーションの「善性」おいて禁じられ、そしてまたアンダーソンが不穏な可能性と述べた愛でもあるだろう。私的領域における異性愛を前提として描かれる、「ある種の政治的な近親相姦の禁忌にふちどりされた兄弟愛」に刻印された禁欲的でホモソーシャルな国家への愛が、どうしても禁じ続けなければならない存在として、アンティゴネーの主張はある。

そして何よりも重要なことは、追悼の場面が遡及的に禁欲的兄弟愛において形作られるということは、その場が戦後であると同時に戦争を継続している戦中であり、戦争を準備する戦前であるということである。死者たちにおいて遡及的に戦争の意義が確認されるということは、いまだ生まれざる者たちのために、という予言の中に、生きている者たちの戦争が継続しているということでもあるのだ。追悼が汚されてはならないのは、まさしく戦争が継続しているからであり、そこではどうしても不穏な愛の可能性は、禁じられなければならない。

だが、「禁止として理解されているそのような規則は、それがどんなに効果的に機能していようと、現実に機能するためには、それが侵犯されるという亡霊（specter）をつねに生み出し、その亡霊を持ち続けなければならないのではないだろうか[*11]」。未来への予言の中で死んだ者たちが事後的に追悼される時、禁じられたアンティゴネーもまた事後的に主張をする。ここに、国家に対抗する領域を前提とした上で描かれる機能主義的力関係ではなく、記憶という領域においてこそ問題化しうる抗争の場所があるだろう。追悼が死の確認であるとするなら、追悼を拒否された死者は、死ぬことも生きることも禁じられた存在である。生きたまま埋められたアンティゴネーは亡霊になるのであり、アンダーソンが無名戦士の墓において見た幽霊（ghost）には、バトラーの見出したアンティゴネーの幽霊（specter）が紛れ込んでいるのだ。アンティゴネーの主張は、したがって幽霊の言葉だ。だがその言葉は明確に聞き取られ、社会をつくる。記憶はこのとき政治になる。

彼女は行動し、彼女は語り、彼女は、発話行為が宿命的罪となるような者となる。だがこの宿命は、彼女の生を超え、それ自身の可能性に満ちた宿命としての――その倒錯的で前例のない未来の新しい社会形態としての――理解可能性の言説のなかに入っていくのである。*12

死者たちが埋葬された戦場を語る際に求められるのは、この新しい社会形態に他ならない。それは、アンダーソンが無名戦士の墓に確保しようとした革命の夢でもあるかもしれない。宿命的な「善性」には、「宿命的罪」そして「それ自身の可能性に満ちた宿命」がとり憑いている。この社会形態は、既存の国家と敵対するだろうが、同時に、はるか前方を見つめて整列している集団には、決して帰着しない。だからこそアンティゴネーの主張を言葉にし、書きつなぎ、「理解可能性の言説（the discourse of intelligibility）」とし、視線をそろえて整列するのではない関係を見出していくこと。これこそが、記憶を政治として主張しうる場所なのである。記憶を記憶にとどめておくことも、公的言語が支配する政治を政治としてあらかじめ前提にしておくことも、もはやできない。記憶それ自身が政治なのではなく、また既存の政治力学の応援団として動員される資源として政治になるのでもなく、ある種の断言と仮定が先行しながら[*13]、それでも新しい社会形態が具体的に創出されていくその中にこそ、記憶の政治という設定がある[*14]。

戦争は継続し、日常は戦争に連累している。記憶とは、この連累にかかわることであり、政治とは、連累から始まる新しい社会形態への夢なのだ。そして日常が別の社会形態に向かうとき、幾重にも重なりながら否認されていた暴力の痕跡が、あるいは生き埋めにされたアンティゴネーの愛が、別の意味を帯びはじめる。そしてこの意味とともに浮上する社会の生成にこそ、夢に対して言葉のなすべきことがある。

＊

一九六〇年代後半より、沖縄戦にかかわる体験の組織的な聞き取り作業が行われた。この聞き取りにより沖縄戦にかかわる体験は、人々の口を介して、公の言語空間へと押しだされていった。[*15] またそれは、日本という国家への行政権の移動に軍事的暴力の解体を重ねていた者たちに、絶望が広がっていくプロセスとも重なっていた。とりわけ一九六九年一一月の佐藤‐ニクソン会談とその共同声明は、「復帰」以後も軍事力がこの地にとどまり続けることを確認するものでしかなく、「復帰」運動の中で日本という国家に委ねられていた最後の希望を、完膚なきまでに打ち砕くものだった。[*16] またこうした政治過程の中で、一九六九年には長期経済開発基本構想ならびに沖縄経済振興の基本構想が策定され、それは後の沖縄振興開発特別措置法、沖縄開発庁設置、沖縄振興開発計画実施などに結びついていく。琉球政府から沖縄県へという制度の展開は、振興や救済に関わる法の登場でもあったのだ。それは、軍事的暴力からの解放の夢を、裏切った上でそれを札束で買い取っていくための、新たな法の登場でもあるだろう。日本という主権的存在に委ねられた解放の夢が、裏切られ、そして買い取られていく中で、沖縄戦の体験が広範囲に語りだされていったのである。

復帰というからにはどこかに帰ることだ。それがたとえ自ら脱出した故郷や国だとしても、あるいは自らえらぶ行為とはかかわりのない外的な力による理不尽な分断にしても、現在おかれている情況からの脱出として志向されるかぎり、故郷や国からの脱出と見まがうほどの相貌を呈するとき未来に加担する行為となるだろう。復帰と脱出というさかむきにはじき合う情況をV字形につきささる支点にひきしぼって発動する論理が、母のふところに帰るという『民族感情』を止揚し、変革する視点となるだろう。[*17]

一九六八年九月の日付が打たれているこの清田政信の「帰還と脱出」という文章も、こうした投企された夢と裏切られた夢の間にある。『琉大文学』の中心メンバーとして活動し、人民党を離脱した後は党派闘争の中にあって孤高の位置を取り続けた清田において、日本への帰還には、脱出という解放がこめられていたのであり、その解放という夢を国家が裏切るその瞬間に、清田はそれを再確保しようとしているのだ。そして確保されるべき夢は、再び裏切られてはならない。[*18]

またこの清田の作業は、夢が裏切られる場に立ち会うことにより、遂行されている。すなわち、裏切りに帰着する帰還の内部に留まることにより、いいかえれば、裏切りを裏切りとして引き受けることにより、脱出という解放を再確保しようとしているのであり、したがってそれは、帰還か脱出かどちらが正しいかという問いの設定とはまったく異なる。

そして清田がこうした脱出（解放）の政治を模索する作業は、戦場への言及とともに行われている。「帰還と脱出」には彼自身の少年期における戦争体験のエピソードが登場するが、久米島出身の清田の戦争体験には、同島に駐屯した鹿山隊による住民虐殺が色濃く反映されている。それはまた、組織的な住民の戦争体験の聞き取り作業の中で、各地で発生した日本軍の住民虐殺が公に語りだされていく状況とも重なるだろう。

清田が自らの体験を語りながら問題にしようとしているのは、村と軍あるいは国家との関係である。日本軍の住民虐殺は、村と軍、あるいは村と国家の対立を生む。それはたとえば、本書でもふれた吉浜日記における「沖縄民族」の「民族組織」という言葉としても登場するだろう。[19]だがこの「民族組織」は、軍事組織と無関係なのだろうか。また、スパイというラベリングに、あるいは日本軍の虐殺行動に村はどう関与したのか。先取りしていえば、清田が主張するのは、国家に対して村を、あるいは土着の共同体を対峙させることではない。

鹿山隊の暴虐行為と殺された死者を前にして「民族組織」を叫ぶことは、その殺された者を組織の同志として追悼することではないのだろうか。また虐殺は、決して学的な事実確認の問題にとどまるものではなく、追悼の場において事後的に浮かび上がる感情に関わるのではないか。[20]すなわちたとえば、日本軍の住民虐殺に対して語りだされる、「沖縄県人はこの最前線の地で、純粋に自らの祖国を守るのだという決心で命をなげうって闘っていたのに、戦争末期には、軍自らがそういう形で（住民虐殺）県民の忠誠心を裏切っていった」という感情的記憶と、それにもとづく追悼の問題なのだ。[*21] 殺された者たちは誰なのか。誰として埋葬されるのか。清田はここに、問いを立てようとしている。そして彼が日本兵に殺された者たちの追悼において醸成される怒りの入り混じった情動に重ねていくのは、日本兵の傷である。たとえば清田は、「わが少年時の体験」として、次のようなエピソードをあげる。

終戦直後、村に帰った青年がよろこんで迎えてくれた家族の顔が日一日とうちとけてゆくよりは息ぐるしい異様な雰囲気にとざされぎこちなくなるのに疑惑を覚える。何かがあったのだ。たまらなくなって青年が詰問すると裏座敷に負傷した日本兵が臥しているのがその理由だ。日ごろ親たちにやさしい青年の目がにわかに殺気だつ。……青年はいきなり『内地人（負傷兵）を殺してやる』といきまいたが、家庭が事前に察知してナイチャーを親せきにかくまわせ、村人たちの説得で最悪の事態はまぬがれた。日本兵はアメリカ軍が撤去したあと本島に渡って日本に帰ったらしい。[*22]

清田はこの自らの体験を、まずは村と国家の問題として想起しようとする。日本軍が行ってきた所業への憎悪は、まずもって帰るべき共同体と国家の決定的な剥離、あるいは前者の後者への攻撃として登場するだろう。それは先に述べた「民族組織」の近傍にある。この「民族組織」への一歩は極めて重要であり、感情の領域が国家と敵対する共同体を構成していくということは、正しいかどうかではなく、まず前提として存在する。そしてそれは同時に、村と軍事組織が重なっていく事態でもあるだろう。

だが、この負傷した日本兵は、軍から脱出し、国家からの逃亡の先にこの共同体に行き着いたのだ。傷を介抱したのは青年の姉である。そして、この沖縄の青年の帰るべき村と負傷した日本兵を受け入れた村の間において、すなわち敵への殺意により編成されようとする帰還すべき共同体が、国家からの脱出の先においても描かれる中で、共同体は別物になる。軍事的暴力の継続であることが明確になる「復帰」という政治過程の中で、軍事主義に向かうこととのない共同体が、敵の傷を通して主張されているのだ。脱出（解放）は不断に帰還を伴い、帰還には脱出が込められるが、清田は日本兵を介抱し、青年の殺意を押しとどめた村に、帰還が脱出になる可能性を確保しようとしているのだ。死者たちは、かかる共同体の住人である。

くりかえすがそれは、「復帰」と「民族組織」、あるいは国家と共同体のどちらが正しいかという問題ではない。解放の夢が主権的存在に委ねられ、裏切られようとする中で、その夢の内部にいながら主権に帰着しない夢を再確保しようとする政治なのだ。そこでは「復帰」への希求も「民族組織」に向かう怒りも、まずは前提として受容されなければならない。だが重要なのは、帰還か脱出かではない。帰還が脱出になるのだ。いいかえれば、清田は、戦場においてもたらされた傷や、戦場に埋葬された死者に備給される欲動から、「復帰」あるいは「民族組織」がともに国家とは別物になる政治を、見出そうとしているのだ。

「復帰」という政治状況と沖縄戦への言及が入り乱れ、時制が錯綜する文体の中で書き進められるこの「帰還と脱出」は、戦場を過去の事実として語るわけでも、あらかじめ準備されたカテゴリーに感情的記憶を当てはめるわけでもなく、あるいは政治力学の根拠として戦争体験を動員するのでも断じてなく、あえていえば戦場が想起される中で浮かび上がる情動を、現在の「復帰」を前にした状況へのコミットへと結びつけようとする試みである。清田が、知識人が陥る土着や民衆への憧憬や正しさ好みから無縁であったのは、こうした感情の領域への密着と状況へのコミットメントの間を自らの思想の場として確保し続けたからだろう。

それは戦場における傷と死者たちへの遡及的言及の中で、村に囲われた情動と国家への希求を、同時に別ものへと変えていこうとする点において、やはり新しい社会形態を創出しようとする営みではないだろうか。またそれは、党派的政治に簒奪され結局のところ「復帰」のなかで裏切られていく解放の夢を、再確保し、「母のふところに帰るという「民族感情」を止揚し、変革」しようとする、清田の夢でもあるだろう。

だが清田の夢は、戦死した兄を追悼するアンティゴネーに国家への忠誠でも親族関係における異性愛でもない愛を見出そうとするバトラーと、すぐさま重なるものでもない。すなわち、清田が兵士である青年を起点に議論を開始しているのに対し、バトラーは戦死した兄を追悼する妹から始めている。怒りとともに民族組織が主張されたとき、兵士である青年はそのなかに、アンティゴネーはその淵に追いやられる。前者にとって民族組織は内部にいる者が抱え込む傷の問題であるが、後者にとっては排除の問題だ。

またそれは、傷ついた日本兵を介抱したのが、青年の姉だということとも重なるだろう。青年の日本兵への殺気立った怒りは、姉においては同じ形では共有されてはいない。民族組織あるいは国家において、怒りを抑えた青年と、傷ついた敵と、敵を介抱した姉は、それぞれが異なる場所を占め、異なる傷を、そして異なる記憶をもつ。重要なのは既存の秩序が割り当てたそれぞれの場所から、こうした秩序ではない新しい社会形態に向けて、遡及的に記憶を想起し、複数の亡霊を蘇らすことなのだ。

「復帰」という政治過程がたえ難い苦痛を伴うのは、たんに解放の夢が国家に簒奪されるからではない。苦痛なのは、日常に生きることが、依然として英雄たちが殺しあいを続ける戦場に連累しているからであり、だからこそ奪われた夢は、戦場の記憶とともに別の未来に向かう継続中の夢として、すなわち平和として、再確保されなければならないのだ。

清田はヴェトナム行きを拒否した米軍将校と全軍労（全沖縄軍労働組合）に言及し、それを以下のように述べる。

それは国家と敵の概念が思想によって否定されているのだし、むざむざ死ぬことへの抗議なのだ。そこでも僕は英雄的な死よりも、脱走きわまって反撃となる思想を強調するか。[*23]

いかなる戦争であれ、そしていかに英雄として追悼されようとも、死は、「むざむざ死ぬ」ことでしかない。そして、敵の概念が否定され、脱走が反撃になる。あるいは逆に、反撃が脱走になる。それは、遡及的に浮かび上がる感情の領域を、はるか前方を見つめて整列している集団ではない別の社会形態へとつなげようとする、極めて具体的な提起である。全軍労や米軍将校という実態が具体的ということではない。全軍労と米軍将校を繋ぐ形態が具体的なのだ。清田はこの形態を、「情念のボルシェヴィズム」と呼んだ。[*24] 記憶が政治になるとは、このことなのだ。『戦場の記憶』で始めようとし、いまだ途上にあるのも、こうした作業である。

註

*1——Benedict Anderson, *Imagined Communities: Reflections on the Origin and Spread of Nationalism*, Verso, 1983.（白石隆・白石さや訳『想像の共同体——ナショナリズムの起源と流行』初版、リブロポート、一九八七年）一〇頁。

*2——同、一一頁。

*3——Benedict Anderson, *The Spectre of Comparisons: Nationalism, Southeast Asia and the World*, Verso, 1998.（糟谷啓介／高地薫／イ・ヨンスク／鈴木俊弘／増田久美子／田中稔穂／荒井幸康／中村順／木村護郎クリストフ訳『比較の亡霊——ナショナリズム・東南アジア・世界』作品社、二〇〇五年）五八二頁。

*4——同、五七二頁。

*5——同、五七五頁。

*6——同、五八〇〜五八一頁。

*7——同、五八一頁。

*8——同、五八一頁。

*9——だが、アンダーソンの記述自身は、社会学的な政治分析として読めてしまう。しかし全体の構図から考えると、やはり「善性」の問題として考えるべきだろう。

*10——Judith Butler, *Antigone's Claim: Kinship Between Life and Death*, Columbia University Press, 2000.（竹村和子訳『アンティゴネーの主張——問い直される親族関係』青土社、二〇〇二年）。

*11——同、四四頁。

*12——同、一五九頁。

*13——『アンティゴネーの主張（Antigone's Claim）』の主張（Claim）を、バトラーは *Bodies That Matter* で次のように述べている。「現実的なるものを抵抗として主張（claim）することは、現実的なるものを抵抗として象徴化することでもある。……抵抗の形態における現実的なるものを仮定する（presume）ことは、抵抗を何らかの方法で断言する（predicate）ことであり、現実性を作動さす公的言語の能力からはなれたところで、現実的なるものに現実性を認める（grant）ことなのだ」（Judith Butler, *Bodies That Matter: On the Discursive Limits of "Sex"*, Routledge, 1993, p. 207）。

*14——J・L・オースティンの言語行為論、あるは個人の症状を前提にしている精神分析学でいうメランコリーを議論の出発点とするバトラーの攪乱の政治いう設定が、どうしても帯びてしまう発話者としての個人という設定ではなく、軍事組織と追悼に関わる制度としてアンティゴネーの主張を押し出した竹村和子の論文をぜひ参照されたい。アンダーソンのいう無名戦士の墓とバトラーを合わせて議論しようとしたこの序も、同論文があってのことである。竹村和子「暴力のその後……——「亡霊」「自爆」「悲嘆」のサイクルを穿て」（『思想』九五五号、二〇〇三年一一月）。

*15——こうして集められた証言は、たとえば『沖縄県史 第九巻 沖縄戦記録1』（琉球政府、一九七一年）や『沖縄県史 第一〇巻 沖縄戦記録2』（沖縄県、一九七四年）、あるいは『これが日本軍だ——沖縄戦に

おける残虐行為』(沖縄県教職員組合戦争犯罪追求委員会、一九七二年)として刊行されている。

*16――たとえば次の川満信一の文を参照。「佐藤 - ニクソン会談の共同声明を待つ一九六九年十一月二十二日深夜、沖縄は四分の一世紀にわたって蓄積された〝言うに言われぬ屈辱〟をのんで、すごに裏切られた夢の断片からわずかな希望でも見つけられはしないかと、あたかも藁をつかむ溺死者のように、不眠のもがきを続けた」(川満信一「わが沖縄・遺恨二十四年――死亡台帳からの異議申し立て」『展望』一九七〇年一月、『沖縄文学全集 18巻』国書刊行会、一九九二年、一一九頁)。

*17――清田政信「帰還と脱出」沖縄研究会編『沖縄解放への視角』(田畑書店、一九七一年)一一頁。この清田の文章は、沖大文学研究会『発想』(三号、一九六八年一二月)に掲載され、その後同書に所収されている。引用は『沖縄解放への視角』からとった。

*18――清田の思想が同時代の知識人の中でいかなる強度をもち続けていたか、またその中でこの「帰還と脱出」がもつ意義については、金城正樹「成熟の夢――清田政信の叙述より共同性を再考する」(大阪大学大学院文学研究科日本学研究室『日本学報』二四号、二〇〇五年三月)を参照されたい。金城が指摘しているように、政治が様々な党派において構成されていく中で、清田は変革を決して組織に委ねず、前衛組織に簒奪されないで継続し続けようとしたのであり、それは一九七二年を前にした「復帰」ということをめぐってだけではなく、一九五六年の土地闘争と高揚と敗北にもかかわる。いいかえれば、高揚する運動の勢いを受容した上で、なおかつ敗北を敗北として徹底的に引き受けるところに、自己正当化を一切拒否した清田の思想の強度が隠されているのかもしれない。そして状況は変わっていない。だが、思想は深みを失い、状況にコミットできない情動の垂れ流しと、無責任で表層的な沖縄解説が横行する中、今一度清田や同時代を生きた人々の思想的営為を、今の状況の中で、文字通り批判的に検討する必要があると思う。

＊19——本書第II章を参照。

＊20——事実確認はこうした感情的記憶と別個に存在している作業ではない。孫歌は『アジアを語ることのジレンマ——知の共同空間を求めて』（岩波書店、二〇〇二年）において、南京大虐殺をめぐって歴史研究者がどこまでも資料的、統計的議論にこだわることに対し、「文献資料の考証に満足して、人々の感情的記憶を完全に無視したり、はてには敵視したりするのだ。このような歴史学の絶対的な合法性はどこから来るのだろうか？」と問う（五二頁）。さらに付け加えるならそれは、事実がどうでもよいということなのではない。「つまり、議論を必要とするのは実は事実の客観性の問題ではなくて、事実はいったいどんな状況下で真実たりうるのか、どんな状況下で非真実となるのか、ということ。端的に言えば、議論を必要としているのは状況そのものだ、ということです」（二三三頁）。ここで、汎用性があり、どこにでも存在しているように見える状況という言葉を、嘲笑してはならないだろう。一般的な物言いに対して個別具体的現場を、あるいはその逆を対峙させるという事実確認をめぐる議論が横着する安直な作法と、この孫歌の文章は無縁である。あえて注釈を加えれば、状況は観察の視野の中にあるのではなく、切り開くという動詞がそこにはいつも付着している。状況が議論を必要としているということは、議論においていかに状況を作り上げるのかという提起なのだ。

＊21——本書第III章を参照。

＊22——清田「前掲」一六頁。

＊23——同、一九頁。

＊24——同、一九頁。

ハングル版　序

同書の韓国での刊行に際して、何を新たな序として書き加えるべきなのか。それをこの数ヵ月の間、考え続けていた。それはまた、自分が書いたものを読者として再読しながら、自分は何を書いたのかということを再確認する作業でもあった。

一九九五年に刊行された同書の日本語版に対しては、さまざまな受け止められ方がなされたが、多くの場合、記憶という領域に対する歴史学上の問題として読まれたようだ。そしてこうした読まれ方は、今も続いている。だが同書が、記憶の歴史学といった仰々しくもまた安全なテーマへとファイルされていったことへの違和感は、私の中にずっと滓《おり》のように滞留し続けている。この滓については、やはりここで、記しておきたいと思う。

今ひとつ、韓国での刊行に際して言及しておきたいのは、日本帝国の朝鮮半島に対する植民地支配である。つまり、同書で考えた戦場とそこにいたる道程において、沖縄と朝鮮はどのような問題系として表現されるべきなのだろうか。それはまた、沖縄における植民地主義をどのように設定すべきなのかという問題にも直結しているだろう。本書において、沖縄戦を当時の南洋群島における戦闘と一連の事態として議論しなければならないと思ったのも、沖縄戦に植民地主義という論点を設定したかったからだ。沖縄出身者が植民者として入植した南洋群島での戦闘を、沖縄戦と同時に考えなければ、沖縄における植民地主義を問題化することはできないと考えたからである。

これまでにも、沖縄戦における朝鮮人の存在は、議論されてきた。たとえば、久米島の虐殺をめぐる朝鮮人一家の虐殺は、よく知られている。沖縄の久志村出身の女性と結婚していた釜山出身の具仲會は、「谷川昇」という名で久米島で行商をしていた。一九四五年八月二〇日の夜、久米島に駐屯しつづけていた鹿山隊は、彼の一家を襲い、家族全員を「スパイ」として虐殺した。この一家の遺骨は、一九七七年に釜山に帰還している。

＊

私は、この沖縄戦における久米島の虐殺事件を表現するには、単に沖縄も朝鮮も植民地支配を受けていた、ということではあまりにも言葉が足りないと考えている。そしてこの事件は、本書で引用した沖縄の小学校での次の教師の発言とともに、考えなければならないだろう。

大震災の時、標準語がしゃべれなかったばっかりに、多くの朝鮮人が殺された。君達も間違われて殺されないように（本書一二一頁）

あるいは、この一九二三年三月の関東大震災の時に東京にいた比嘉春潮の自伝『沖縄の歳月』にある次のようなダイアローグが想起される（比嘉春潮『沖縄の歳月』中央公論社、一九六九年、一〇九頁）。地震の数日後の夜半、比嘉のもとに武装した自警団が訪れた。

「朝鮮人だろう」（自警団）
「ちがう」（比嘉春潮）
「ことばが少しちがうぞ」（自警団）
「それはあたりまえだ。僕は沖縄のものだから君たちの東京弁とは違うはずじゃないか」（比嘉春潮）

この比嘉の「ちがう」という発言から、植民地支配の階層構造とか、沖縄の日本への同化とか、あるいは、沖縄も朝鮮も同じ植民地だといった乱暴な類型論を導き出してはならない。そうではなく、この発言からは、殺されるという切迫感と、言語行為により暴力を回避しようとするギリギリの賭けこそが、まずもって感知されなければならない。武装において圧倒的に不利な状況においてなされる言語行為からは、支配の構造的な配置図ではなく、暴力に対峙する言葉の可能性の臨界こそが、まずもって見出されなければならないのだ。そしてこの言葉のギリギリの賭けにおいて、予感されている暴力への危機は、さしあたり宙吊りにされるだろう。またこの言葉の賭けは、すぐ横で暴力が既に行使されていることを、常に暗示している。従って「ちがう」という言葉は、殺された者のすぐ傍らにいる者の声だ。そしてこの言葉により暗示される暴力は、傍らで行使されているが、既に他人事ではない。本書で扱ったスパイ虐殺も、こうした暴力なのだ。

殺された死体の傍らにいる者は、共犯者として殺す側に立つかもしれない。だがそこには、殺されるという切迫感を回路にして殺される側への一体化が常に存在している。あるいは傍らにいる者は、同じ殺される側に結果するかもしれない。だが傍らにいる限り、死体ではない。そして、この死体の傍らに存在している切迫性を帯びた言葉の臨界から、いいかえれば、暴力への危機が宙吊りにされたその一瞬から、暴力に抗する可能性こそが見出されなければならないのだ。しかもそれは、言葉として。

本書で考えたかったのは、記憶一般でもなければ、「記憶の歴史学」とか「歴史の語り方」といったすばらしくアカデミックなテーマでもなく、直裁にいえば、軍事的暴力に抗する可能性である。しかも限定された過去の戦場における可能性としてではなく、日常世界が戦場へと組み立てられていく今も継続する世界における、反軍闘争の可能性である。記憶とは、この可能性を言葉として思考しようとするときに立ち向かわなければならなかった霧であり、介入すべき状況であって、それ自身が可能性なのではない。

また沖縄、朝鮮を類型論的な帝国の階層構造の中で了解してしまうことも、この可能性を計算された抑圧の度合にすりかえてしまうことだろう。抵抗を過去の植民地という他者に割り振るのではなく、現在自分が生きている普通の日常から表現することこそ、必要なのだ。なぜなら軍事的暴力はますますこの世界を威圧し、日常を構成する力として君臨しつづけているからだ。戦場を日常から切り離すことも、植民地支配を他者の問題として了解することも、いくら良心的な心性にもとづいていたとしても、拒否しなければならないと思う。

殺された死体の傍らにいる者が獲得すべき反軍闘争の可能性こそ、記述という営みにおいて提示されなければならない。そしてほとんどすべての人が、死体の傍らにいる。私たちは、死体に一体化することも、とり憑いた亡霊から逃れることも、できないのだ。だから、かかる意味では世界は常に可能態でもある。私たちの言語行為をめぐる基本的な状況とは、このような世界なのだろう。そして死体は語りはしない。この呪われた世界から言葉を注意深く紡ぎ、暴力に抗する可能性をわれわれの可能性として思考することこそ、誰の言葉であれ、言葉にふれることのできる者たちが、なすべきことである。

＊

高橋和巳の作品で、「死者の視野にあるもの」という短い文章がある（高橋和巳編『明日への葬列』合同出版、一九七〇年）。学生時代に読み、鮮烈に覚えているこのエッセイは、六〇年代から七〇年代にかけて警察権力により殺された人々について綴った評論集の序章なのだが、そこには、絶命した人々の死体の網膜に最後の映像が残り続けるという寓話が登場する。死体は語りはしない、ただ見るだけなのだ。その死の瞬間の映像を目の網膜に焼き付けたまま、死体は存在し続けるのだ。そしてこの網膜に焼き付けられた映像に登場する者は、たとえ死体の傍らにいるとしても、死体ではない。

銃殺を待つ人々の列において既に打ち斃された者が、その死の瞬間に、次に殺される番を待つ者の横顔をその網膜にとらえたとしても、その横顔は、やはり、死体のそれではない。またその横顔は、死が動かしがたい予定として運命付けられている者の顔でも、さらには銃殺から完全に免れている晴れやかな顔でも、ない。そして暴力に抗する可能性を思考するとしたら、死者の網膜がとらえたこの傍らにいる者の横顔からはじめなければならないのである。死体の傍らにいるものは、いつも見られているのであり、見られているという点において、銃殺の順番を待つ者でさえ、今だ決着はついていないのである。また網膜に刻印されているのは、私の顔であり、あなたの顔でもあるだろう。本書は、不十分ながら、こうした思考の軌跡である。

決して読みやすいとはいえない私の文書を翻訳して下さった任城模さん、本書の翻訳を薦めて下さった藤井たけしさんに感謝します。また本書の再読に際して、「四・三事件」にかかわる金成禮さんの一連の思考がいつも傍らに存在していたことを、最後に記しておきたいと思います。

冨山一郎

二〇〇一年七月　台北にて

増補　戦場の記憶＊目次

III 戦場の記憶……143

I　戦場を思考すること

彼らはちがう歴史を持つ人間であり、違う人生の予定表にのっとって生きる者たちだ。彼らはやはり〈他者〉であることをやめる訳にはいかない。その他者性が意味するのはしかし、肯定的で、創造的だ。（ロバート・F・マーフィー[*1]）

1　日常から戦場へ

ハルビンにある、関東軍七三一部隊の本部跡を訪れたときの話から、はじめたいと思う。郊外にあるこのおぞましい建物は、現在、細菌部隊罪行陳列館として保存され、三元払えば中にはいることができる。この薄暗い建物の中には、写真や実験機具などが並べられたお世辞にも立派とはいえない展示にまじって、細菌兵器の開発や人体実験に関与した軍属たちによる自筆の自供書があった。

こうした文書が歴史資料としてどのように扱われるべきかについては、議論の余地があるだろう。しかし、いま問題にしたいのは、文字を追う私の視線が一瞬停止した次の箇所のことである。「東亜の平和」を実現するというおなじみのスローガンと並んで、「出世」という文字が、人体実験を行った理由として記されていたのである。

「東亜」の背後には、「出世」という近代日本が今日に至るまで保持し続けている価値観がひかえていたのであり、乱暴にいえば、この否定しがたい価値観が人体実験に結果しているのである。だから本書でまずおさえておきたいのは、戦場にいきつくプロセスが、極めてあたりまえの日常世界から開始されているということだ。戦場は異常事態でもなければ、日々の生活から切り放された狂気でもない。毎日の陳腐な営みにこそ、戦場が準備されているのである。戦場の対極にわれわれの日常を想像するのは、やめておきたいと思う。

貧しい展示ながらも結構うちひしがれて外に出た私を待ち受けていたのは、受付の女性が差しだした大学ノートだった。そこに展示を見た感想を書けというのである。その場を切り抜けるのは簡単だと思った。懺悔し、喪に服し、平和を希求すればよいのだ。「二度と許すまじ」というわけである。そう考えながら横を見ると「ヒロシマ」の字が視野に飛び込んできた。驚くべきことに、七三一部隊の展示の横には「ヒロシマ」の展示が付け加えられていたのである。悲惨な状況をならべたて、その前で平和の誓いをたてればいいとでもいうのだろうか。問題は悲惨さではない。問題なのは、悲惨を前に誓いをたてる場所が準備されていると勝手に思いこんでしまっているということなのだ。「出世」という陳腐な発想を前にして、何がいえるというのだろうか。

それでも何か書かなければと思い、結局、喪に服すようなことを書いてしまった私に対し、この受付の女性は、今度は、やにわに七三一部隊が使用していた軍票を取り出し説明しだした。もう私はいくらでも懺悔しようという気になり、そうすることで、彼女との距離を少しでも縮めようと考えた。しかし、彼女は説明を終えると最後にこう締めくくったのである。「これはとても珍しいものです。一〇〇元ですが、日本に持って帰ればもっと高くで売れます」。懺悔し、喪に服し、平和を希求することで少しでも彼女と同じ立場に立とうとした私の目論見は、一瞬にして消え失せた。私は、まるで仕組まれた罠にまんまとひっかかった、こざかしいキツネである。

もう話をごまかすのはやめておこう。戦場が異常事態でもなければ、日々の生活から切り離された狂気でもなく、毎日の陳腐な営みにおいてこそ準備されるのだとしたら、過去の戦場の記憶をいかに語ることができるのだろうかということこそ、問われなければならないのだ。また同時にそれは、一見戦場とは無縁にみえる陳腐な日常に、戦場の記憶をもちこむことでもあるだろう。戦場に日常をもちこむことにより、日常と切り離されたところで戦場の記憶を語る語り口を問いただし、今度は逆に日常のなかに戦場を発見するという往復運動が必要なのだ。

本書では、いわゆる沖縄戦を主題的にとりあげたい。あらかじめ論点を開示しておけば、そこには戦場の光景を分析的に語る作業と、戦場の記憶を語るとはどういうことなのかを問うという作業が混在している。くりかえせば、この二つの作業は独立して存在しているのではなく、戦場を語ることにより語りの位置自身が問いただされ、また逆に語りの位置が移動することにより新たな語りが導かれるのである。この往復運動こそ、私が本書で行おうとしていることにほかならない。だから私は、依然として、罠にひっかかるこざかしいキツネを演じなければいけないのだ。

2　「日本人」になる

周知のように、日本の近代は、琉球、アイヌ・モシリ、台湾、朝鮮、ミクロネシア（南洋群島）、中国東北部（満州）そして「大東亜共栄圏」へと拡大していった帝国の歴史でもある。近世においてすでに薩摩藩により侵略されていた琉球王国は、一八七二年から一八七九年におけるいわゆる「琉球処分」の過程で、軍隊と武装警官により強制的に日本に併合された。その併合のプロセスを見るかぎり、「琉球処分」が近代日本における帝国主義的拡大の最初の一歩であることはまちがいない。

しかし制度的側面に関していえば、琉球は植民地支配を受けた台湾や朝鮮と著しい違いをみせている。「琉球処分」以降、他の府県との制度的同質化は進展し、一九二一年にはほぼ制度的な面での差異は消滅した。琉球は沖縄県になったのである。とりわけ一八八九年に早くも徴兵制が実施されたことは、台湾や朝鮮と比較するうえで重要なポイントである。A・ギデン人がいうように、国家による暴力の独占は、近代国家の範域を考えるうえで重要な指標だからである。[*2] ギデンスはそこに、国外における国民軍による軍事的展開と同時に、国内における暴力的な軍事的秩序から監視と規律を基軸とする警察的秩序への転轍を見ようとしている。かかる指標を機械的にあてはめるならば、早々に徴兵制が敷かれた琉球は国内に、長らく武力的抵抗運動を展開した台湾や朝鮮は国内と異なる植民地として、位置づけることができるだろう。

だがしかし、制度的同質化は「想像の共同体」[*3] としての「日本人」の誕生を意味するものではない。沖縄の人々にとって、「日本人」になるということは、いいかえれば、みずからの心のなかで「日本人」という「想像の共同体」を思い浮かべ、そこに自分を自己同一化していくプロセスとは、いかなる営みだったのだろうか。ここに、本書で沖縄戦をとりあげる基本的な理由がある。たとえば、ある沖縄出身の日本軍兵士が息子の誕生日の日につづった、戦地のブーゲンビルからの手紙にはこう記されている。

　この大東亜戦争に勝った暁には、僕ら沖縄の人間は、日本人と同等に扱われる。だから僕らも戦争に勝ったならば、日本へいって家族和気あいあいとして生活できる。[*4]

この短い文章に、本書で考えたいすべてのことが描かれているといっても過言ではない。ここでは二重の意味で、「日本人」になるということが描かれている。ひとつは日本兵としての戦場への動員であり、いまひとつは「家族和気あいあい」とした生活である。逆にいえば、「日本人」になるということをめぐって、戦場動員と日々の平凡な生活が結びついてしまっているのである。「日本人」になるとは、たんに心のなかで想像するだけではなく、日々の生活と戦場への動員とが一体のものとして演出されていくプロセスに他ならない。

確かに、がんらい日々の生活と戦場への動員は別ものである。そうであるがゆえに鶴見俊輔は、「台所からみれば一九四五年の八月一五日で歴史が切れていない」といい、こうした切れ目のない台所の立場を動員への抵抗の場として重視するのである。[*5] しかし、鶴見の主張にまったく賛同しつつも、いや賛同するがゆえに、やはり問わなければならないのは、多くの人々は台所から皇軍兵士として出撃していったという点であろう。ここには、先に述べた七三一部隊の供述と同じ問題が存在する。

沖縄出身の皇軍兵士は戦死し、大東亜戦争は敗北し、結局のところ「日本人」になるというプロセスは失敗に終わった。それはさしあたり、「天皇制イデオロギー」の死でもなければ「超国家主義」の死でもなく、まずもって生活の死であり、台所の死なのである。生活は八月一五日で切れてはいない。しかしその連続性は、生活の死のなかから導かれなければならないものだろう。戦場動員が記憶として刻印した生活の死は、いかに語られるべきなのか。

この問いかけを沖縄に引きつけて設定すれば、陳腐な日常の延長線上に戦場を語ることが、戦場の記憶を語る語り口自身を問いただし、それがまた日常を語る新たな語りの位置を生み出していくという前述した往復運動は、「日本人」になるという営みと沖縄戦の記憶を語る語り口との間の往復運動に他ならないということになる。いいかえれば、それは平時の「日本人」になるという日々の営みとけっして無縁ではないところに沖縄戦を描く作業であり、またこうした作業により、戦後生まれる「ひめゆり」を中心に登場する沖縄戦の語りを、問いただしていくことでもある。[*6] さらにそれは、「日本人」になるという日々の営みのなかに、不断に戦場の記憶をもちこむことでもあるのだ。

ところで日々の営みと戦場を結びつけるとき、考えておかなければならないことは、生活とは慣習的な行為により構成された空間であり、いうまでもなくそこには、無意識的な、いいかえれば身体化された多様な実践が、存在しているという点である。前述したブーゲンビルからの手紙でもわかるように、「日本人」というアイデンティティーは、こうした身体化された諸実践のなかで想像され、検証され、確認されていったのである。

だが日常を構成する身体化された多様な実践は、「日本人」になるという営みにおいてすべて語りきれるものではない。「想像の共同体」としての「日本人」がこうした実践のなかで確認されるということは、同時に「日本人」に回収できない臨界的な領域が、たえず生みだされているということでもあるのだ。H・K・バーバがいうように、こうした領域は、「想像の共同体」の内部においては語ることのできない、いわば他者性を帯びた存在として醸成されることになる。*7

次章で考察するように、「日本人」になるということは、「支配者」対「被支配者」、あるいは「日本人」対「沖縄人」という二分法的な世界を前提にした「皇民化」や「同化」といった言葉で表現されてきたような、ある均質なアイデンティティーから別の均質なアイデンティティーに移行するプロセスではない。重要なのは、自己と他者が分割された空間を前提にするのではなく、「日本人」になるという営みを開始した瞬間から、自己の内部に他者性が忍び寄るというアンビバレントなアイデンティティーのありようなのである。

こうしたナショナル・アイデンティティーのありようを、H・K・バーバは、移民や難民が拡大し、国境線を越えてやってくる大量の人々を抱え込んだ今日の国民国家におけるアイデンティティーの問題として考察している。*8 またそれは、フランスに支配されていたかつてのアルジェリアにおける植民地状況を描いたF・ファノンがいうように、黒人が白人社会の内部に入り込めば込むほど、黒人を使った「おいしいバナニアあるよ」というコマーシャルの「ニグロ」の像を、自分の身体に発見してしまうというあのパラノイアでもある。*9

「日本人」になるという営みは、自己の内部に侵入してくる他者におびえながら、それを意識あるいは意味世界の臨界領域へと、押しこめていく作業に他ならない。こうした他者性の排除により、日常を構成する身体的な実践は「日本人」という「想像の共同体」のなかで意味を獲得するのである。そしてこの「日本人」になるという営みは、戦場に結びついている。

思えばわが国の都道府県で、直接戦場となり、総てを失ったのは、ひとり沖縄県だけでありま す。文字通り国家の防波堤になり、全国民の身代わりになった沖縄県は、尊い十幾万の英霊とともに、一木一草に至るまで国に殉じたのです。*10

この典型的な沖縄戦の語りにあるのは、きわめて均質なナショナリズムである。そこからは、アンビバレントなアイデンティティーもパラノイアも見いだすことはできない。だが本書で「日本人」になるという日々の営みの延長線上に戦場を設定する意図は、臨界領域に押し込められた他者の行方を、戦場においてふたたび問題にすることであり、それはまた、均質なナショナリズムに収斂していく沖縄戦の語りには回収されない、新たな語りの可能性を探ることでもある。

3　戦場動員

前述したように「日本人」は、たんに心のなかではなく、生活という身体的な実践のなかで想像され確認された。ここで、動員という問題をいま一度考える必要があるだろう。つまり動員とは、意識やアイデンティティーではなく、まずもって、身体的な実践なのである。日常と戦場は連続している。しかし動員という点に注目するなら、さらにこういいかえるべきであろう。日常を構成する身体的な実践こそが、「日本人」としての戦場への動員へと結びついている。「日本人」が身体的諸実践のなかで語られたが故に、「日本人」の動員は実現したのである。多様な実践の類的存在への回収と暴力の発生は、一連の事件としてとらえなければならないのだ。[*11]

ところで、実践という点において陳腐な日常が戦場に結びついているとしたら、平時ではとうてい存在しえない軍命やそれに服従する軍律が、なぜ戦場という場においては成立するのだろうか。もちろん平時にも命令や規律は存在する。しかし、戦場でのそれが平時のそれと決定的に異なるのは、戦時の命令が死への動員を含むことである。

日々下される命令に、死刑判決を包含することがなぜ可能なのか。たんに自決命令というだけではなく、明らかに死ぬとわかっている状況への動員、たとえば死ぬとわかっている壕の外への動員や、砲弾降りしきるなかへの動員を命令するような場合もそこに含まれることを考えると、戦場において死への動員を可能にする軍律は、戦場特有の、そして戦争状態を決定づける重要なポイントであることがわかる。死への動員が可能でなければ、戦場は成立しないのである。

がんらいこのような動員は、戦闘員である兵士としての動員であり、非戦闘員には成立しないものである。死への動員を実現さす軍律は、戦場という日常生活とは隔絶した空間においてのみ存在する。しかし、この戦闘員と非戦闘員の区分は、戦争が総力戦として闘われ、同時に絨毯爆撃や原爆に象徴される大量無差別殺人が登場した近代戦においては、きわめて曖昧にならざるをえない。

山之内靖は、総力戦のもとでの戦争動員が従来の戦場だけではなく「国内戦線」という新たな戦場を準備することを指摘しているが[*12]、その意味するところは、かつて大河内一男が戦時労働立法に平時では起こりえなかった合理性を発見したような[*13]、たんなる戦争遂行を目的とした国内諸機能の効率的組織化だけではない。「国内戦線」の登場とは、非日常である戦場の規律と「国内戦線」の規律が近似してくる状態、いいかえれば人間の日常的ありようが戦場でのそれに似かよってくる事態を予告しているのだ。

すべての空間が戦場であり、すべての人間が兵士となる可能性を、近代の戦争動員は有しているのである。『総動員』や『労働者』において、来るべき動員の姿を描いてみせたエルンスト・ユンガーが、第一次大戦の戦場に発見し、また歓喜したのも、かかる可能性に他ならない。またそれは、すべてを戦闘員として抹殺する無差別爆撃や核攻撃（艦砲射撃もいれていいと思う）を正当化する思想とも密接に結びついている。戦場が日常化し、戦闘員と非戦闘員の区別が消滅し、あらゆる人間に死への動員がなされるかかる動員を、いま戦場動員と呼んでおく。戦争動員とは戦場動員の可能性を絶えず秘めているのだ。

さて、このように大仰な話をしたのは他でもない。住民に対してなし崩し的に軍律が拡大されていった沖縄戦を、戦争動員が戦場動員としての性格を帯びてくるプロセスとして考えてみたいからである。くわしくは次章にゆずるが、そこでの論点は、平時の規律が国内戦線の規律となり、最後には死への動員を担う戦場の規律へと向かうなかで規律を受容する人々のありようがどう変化していったのかという点である。誤解のないように付言すれば、死への動員が完遂されたといっているのではない。死への動員がめざされるなかで何が生じたのかという点が問題なのであり、戦場動員とはあくまでめざされたものなのである。動員という実践は、死の前でふたたび検討しなければならない。

ふたたび先のブーゲンビルからの手紙を思い出そう。平時の規律を推し進めた意志は、皇民化イデオロギーの教義のごとき「死ねる臣民」になることではなく、立派な「日本人」になって「和気あいあい」とした生活をするという夢であって、がんらい戦場動員に直結するものではなかったはずである。したがって必要なのは、軍律が平時の規律と共鳴し合いながらも次第にズレを生み、規律を成り立たせているものが日常的監視からあからさまな暴力の作動へと結果していくプロセスにおいて、人々の意志と軍律が決定的に対立せざるをえなくなる瞬間を見つけだすことである。それは身体的実践に軍律が浸透していくなかで、かかる実践に、もはや夢を投影できなくなる瞬間である。

ところで、夢の前に死が立ちふさがる瞬間に人々はいかなる主体を見いだすのかという問いは、死んだものたちだけの問題ではない。戦場から生還したものたちの書く戦記には、生き残ったものたちが、死者と共有していた過去の時間から、現在の自己を確認しようとする意図が見える。[*14] かれら生者は死者とともにあり、死が立ちふさがった瞬間に見つけるべきものを、いまだに問いつづけているのだ。そして多くの場合、それはまだ発見されていない。発見できることとが、またかれらの過去の時間に固着させる。過去のあの戦場の瞬間からいかなる時を刻み出せばいいのか、この問いを背負ったまま、生者も死者も立ち止まったままである。

集団自決において死に向かった人々に対し、あくまでも主体的に死を選択したといい、そこに倫理的価値を設定する曾野綾子の主張が、この立ち止まった生者と死者を倫理的に回収しようとするものであることは明らかであろう。[*15] またこうした曾野綾子の主張に反対して、集団自決に向かった人々の死を、皇民化教育の結果だといいきってしまうことは、かれらが立ち止まっている瞬間の地点を見失うことにもなる。「死ねる臣民」として戦争動員に参加したのではない。にもかかわらずその参加は軍律の拡大を促し、人々に死を求める。そのときかれらは何を見たのか。曾野綾子の企てと対決するには、かかる地平が確保されなければならない。

4　戦場を語るということ

鶴見俊輔は、沖縄戦に向かう途中に撃沈された「大和」に副電測士として乗り込んでいた吉田満に、「外部世界における旧階層秩序の崩壊を認識しながらも、それと平行して自己の内部世界においてはもはや外の世界と見あうことのない旧来の階層秩序の折り目正しさにしがみついている」という軍人の転向のありようをみる。[*16] 海軍において戦場動員を担った規律は、そのまま戦後の銀行員としての規律として生きつづけたのである。生活は規律を生み、規律は動員へとつながった。規律が戦後へ受け継がれていく転向のありようからは、転向を可能にした生活の連続性がまず指摘されなければならない。したがって鶴見は、軍人の転向のありようから、戦後社会に対し、次のような鋭い指摘を行っている。

日本国民のより多くの部分が軍人であるよりも会社員と文官である戦後の現状は、日本が軍国主義から平和主義にかわったという保証にはならない。[*17]

しかしさらにつけ加えておかなければならないのは、軍人から銀行員に連続的に進んでいった吉田満自身、かかる連続性に対して戸惑い、立ち止まろうとし、それがかれを「戦記もの」の執筆へと駆り立てているという点であろう。吉田にかぎらず戦場の記憶を語ろうとする営為には、戦前と驚くべき連続性を保ちながら戦後に移行していった身体的実践が前提とされている一方で、その連続性に回収されない戦場の記憶を発見し、説明しようとする思いが存在している。しかもこの連続する実践は、くりかえすが、依然として戦場動員につながる実践なのである。戦場の記憶はいかに語られるのか、あるいはいかに忘却されるのか。

ブーゲンビルから息子に手紙をだした皇軍兵士は、戦死した。「和気あいあい」とした生活は「日本人」になることとして表象されたが、最終的結末は、予定されていたとおり身体の消滅であった。ここでもう一度、身体自身が傷つき消滅する戦場へと動員される死への動員の意味を、考える必要があるだろう。それは結局のところ、戦場が殺し合いの場であり、言説の消滅した暴力の現場であるということを、情緒的な人道主義ではなく、どう議論に入れるのかということに他ならない。

戦場が殺しあいの場である以上、そこには傷つき死んでしまうかもしれないという恐怖が当然存在するだろう。しかし軍律は、こうした恐怖さえものりこえるかもしれない。さらにはユンガーのように、そこに歓喜を見いだすかもしれない。しかし依然として重要なことは、恐怖をのりこえたとしても、戦場において傷つき死んでしまうという事態にはまったく変更ないということだ。意識やアイデンティティー、さらには軍律をもってしても、戦場において身体自身が変形し消滅することにはかわりはないのである。戦場のそして暴力の問題の根幹は、この物理性にある。身体が物理的なものである以上、戦場そして暴力によりこの身体は変容する。それも動員をめざす規律化された身体が、変容をひき起こしてしまうのだ。

身体の変容は、けっして意識や意味世界から切り離されるべき問題ではない。こうした問題を考えるうえでの希有の材料として、やや唐突であるが、人類学者であるR・マーフィーによる『ボディ・サイレント』をとりあげよう。この書は脊髄腫瘍のため、次第に自分の身体が麻痺していくなかで、マーフィー自身が自分に生じる意識や意味世界の変容を書き綴ったものだ。同書においてもっとも重要な論点は、身体構成の変容は明らかに意味世界を変えていくという至極もっともな指摘である。この指摘を戦場の問題にひきつけていえば、身体を変容させる戦場は、意味世界をゆるがす可能性を生みだすということになる。日常は戦場を準備した。しかし同時に戦場は、戦場を準備した日常の意味世界を変えていくモーメントにも満ち溢れているのである。戦場から日常へ。

身体構成の変容のなかで生じる事態を著者であるマーフィーは、「身体のっとり魔（ボディ・スナッチャー）」という表現を使って次のように述べている。

状況をよりよく理解してもらうには、やはり私には、ひとつのからだの中にもとの持ち主と新しい侵入者が共存するというあの身体のっとり魔（ボディ・スナッチャー）のことをもち出すしかない。それは、ことばの真の意味における〈変身〉である。[*18]

身体の変容のなかでかれは、自分のなかにもう一人の別の自分を、いいかえれば、他者を発見するのである。こうした自己内部に忍び寄る他者性は、別の自己に移行するのではなく、かれ自身を定義し難い分類不可能な臨界領域へと導いていく。

彼らはこの世界に存在するための根本条件の変更を経験した者たちだ。今や彼らは異人（エイリアン）であり、自分の国の中の難民である。[*19]

かれもやはり、予定されていたとおり最後には死ぬ。もちろん病に侵されたかれの死と戦場での死を、同じものとして考えるわけにはいかない。しかし戦場動員がまちがいなく死への動員である以上、戦場には「自分の国の中の難民」を生み出す可能性が満ち溢れているのである。動員は意識やアイデンティティーではなく規律の問題であり、身体的実践の問題である。しかしここでいう変容は、身体的な問題から次第に意識の問題、意味の問題へと移行する。無意識のうちに慣れ親しんでしまった実践が、戦場における身体の変容にいきつくとき、これまで語りえなかった臨界領域が今度は言葉をもちはじめるのである。それは、マーフィーの言葉を借りるなら、自分自身のなかに「異人（エイリアン）」を見いだしていくことなのだ。

だが戦場動員を完遂するには、この「異人」の言葉（雑音）は封じ込まれなければならない。戦場における他者とは敵を意味するが、戦場での暴力は「日本人」の外部の敵に向けられているだけではないのだ。戦場において顔をのぞかせる定義し難い「自分の国の中の難民」にこそ、暴力は行使されるのであり、あえていえば、「異人」の言葉を封じ込め、「自分の国の中の難民」を内部の敵として殺していくことによってのみ、戦場動員は遂行されていくのである。

最初の話に戻ろう。戦場は陳腐な日常のなかで準備された。そしてその日常は現在にまで連なっている。私たちが戦場を語るとき、その発話の位置は、さしあたりこの戦場動員へとつながる陳腐な日常以外にはありえない。こうした日常において戦場を語るということは、陳腐な日常の底流に内部の敵として殺されていった「自分の国の中の難民」が、発話を封じられたまま放置されているということを想起する作業に他ならない。

それはまさしく陳腐な日常を支配している意味世界をゆるがし、別の空間と時間を発見していく作業であり、「日本人」になるという営みのなかで押し殺されてきた他者が、意味をもち語りだすことなのだ。またそれは、日常を構成する意味世界のみならずその身体をもゆるがす作業である以上、これまでの歴史や空間を支配してきた意味の秩序や身体性が揺れ動く、不安定で不気味な変動であるに違いない。[*20]

そこでは、戦場の記憶が現在のなかに侵入してくるのであり、死んだはずの「異人」(エイリアン)は、なお押し殺されている他者とともに現在に蘇るのである。この領域こそ、H・K・バーバが文化という言葉を再設定しようとした場なのであり、[*21] F・ファノンが試みた政治の場でもある。かかる意味において、戦場の語りはひとつの政治的な場として発見されなければならないのである。

註

＊1――Robert F. Murphy, *The Body Silent*, H. Holt, 1987.（辻信一訳『ボディ・サイレント――病と障害の人類学』新宿書房、一九九二年）二二〇〜二二一頁。
＊2――A. Giddens, *The Nation-State and Violence*, Polity Press, 1985.（松尾精文・小幡正敏訳『国民国家と暴力』而立書房、一九九九年）。
＊3――B. Anderson, *Imagined Communities*, Verso, 1991 (revised edition).（白石さや・白石隆訳『増補 想像の共同体』NTT出版、一九九七年）。
＊4――金城実「土着の文化は解放の武器たりうるか」全国解放教育研究会『にんげん』（明治図書出版、一九七五年）一一六〜一一七頁。
＊5――鶴見俊輔・池田浩士「食べる場からの戦争と反戦」『インパクション』（七二号、一九九一年）三〜一四頁。
＊6――「ひめゆり」をめぐる沖縄戦の語りについては、Ⅱ章でもとりあげる吉田司『ひめゆり忠臣蔵』（太田出版、一九九三年）を参照。
＊7――Homi K. Bhabha, *The Location of Culture*, Routledge, 1994.（本橋哲也他訳『文化の場所――ポストコロニアリズムの位相』法政大学出版局、二〇〇五年）とくにchap. 8 Dissemi Nationを参照。
＊8――*Ibid.*, Chap. 2 Interrogation identity.
＊9――F. Fanon, *Peau Noire Masques Blancs*, Seuil, 1952.（海老坂武・加藤晴久訳『黒い皮膚・白い仮面』みすず書房、一九七〇年）七八〜七九頁。
＊10――金城和彦『愛と鮮血の記録』（全貌社、一九六六年）三六六頁。
＊11――坂井は多彩な関係性の種的同一性への回収という視点から、日本語という言語共同体の成立を問題にし

ている。こうした種的同一性が多様な関係性の優先論理となるところに生まれる排他性こそ、近代国民国家のもつ他者への暴力性として考察されなければならないだろう。酒井直樹「死産される日本語・日本人」『思想』（八四五号、一九九四年一一月、『死産される日本語・日本人』新曜社、一九九六年）。

*12——山之内靖「戦争動員体制の比較史的考察」『世界』（五三二号、一九八八年）。

*13——大河内一男「労働政策における戦時と平時」『著作集 二』（労働旬報社、一九四九年）参照。

*14——高橋三郎は、自己確認の作業としての「戦記もの」の意味を考察している。高橋三郎『「戦記もの」を読む』（アカデミア出版、一九八八年）。

*15——曾野綾子『ある神話の背景』（角川文庫、一九七七年）。ならびに集団自決をめぐる教科書裁判における曾野綾子証言を参照。同裁判の記録は安仁屋政昭『裁かれた沖縄戦』（晩聲社、一九八九年）に所収されている。

*16——鶴見俊輔「軍人の転向」『共同研究 転向 下』（平凡社、一九六二年）二一四頁。

*17——同、二一四頁。

*18——R・マーフィー『前掲書』一四三頁。

*19——同、一四七頁。

*20——H. K. Bhabha, *op. cit.*, p. 224.

*21——*Idid.* pp. 175, 223.

II　戦場動員

1　はじめに

戦前期の総力戦体制が、国民精神総動員運動から翼賛体制をへて国民義勇軍構想へ展開したとするなら、沖縄の場合、最後の義勇軍動員まで行き着いたといえよう。[*1] いやむしろ、義勇軍構想を先取りしていったと述べたほうが正確だ。[*2] 先にも述べたようにそこでは、がんらい非戦闘員に適用されないはずの軍律が、なし崩し的に住民にまで拡大していった。いいかえれば、戦争動員が戦場動員としての性格を帯びていったのである。

本章では、このような戦場動員を極北におきながら、一九三〇年代後半の国民精神総動員運動から沖縄戦にいたる歴史過程を、規律という点に注目して考察したい。すなわち、この歴史過程を平時の規律が戦争動員の規律へ、そして戦場を支配する軍律へと転轍していくプロセスとして考察する。また、規律という問題に注目する意図は、沖縄戦において最終的に軍律から離反していった沖縄の人々から発見すべき何ものかを明確にしたいからであり、これが全体を貫く問題意識に他ならない。くりかえすが、それは日々の陳腐な状況における「日本人」になるということと戦場が結びつかなくなる瞬間の問題である。

ところで、沖縄戦にいたる道程を「日本人」になるという問題として考えるとき忘れてはならないのは、沖縄から南洋群島への移民である。南洋群島における植民地経営に必要とされた労働力は、大部分沖縄から供給されていった。とりわけ一九三〇年代をとおしてその人数は、一万一七六人から四万五七〇一人にふくれあがっていった。[*3]

一九二二年、一八歳のときに沖縄からサイパンに渡った長堂松次郎は、サイパンに渡った当時のことを次のように証言している。

その頃家が貧乏で上級学校にも行かしてもらえないので未開の地で一旗揚げようという野望に満ちていました。[*4]

ここには、出稼ぎや移民に広範に看取される、立身出世への思いがある。南洋群島への移民は、学歴をもたない人々にとって成功への道筋だったのである。[*5] そして長堂もまた出世し、南洋興発の現場主任になった。

しかし南洋群島への沖縄移民を考えるとき、目をそらしてはならないことがひとつある。それは、成功を求めた沖縄の人々が、「玉砕」へと動員されてしまったという点である。一九四二年、この南洋興発のクラブにおいて野村前米国大使は、次のように講演したという。

「勝てば我々日本人は南洋群島はおろか、ハワイや東南アジアすべてを統一して、全部が暑いところでもネクタイをしめて指導員にならなければならない。負ければ日本人すべてが玉砕だ」。

長堂は小尉になり、米軍のサイパン上陸に際しても「日本人として絶対に捕虜にはとられまい、それは恥ずべきことだという信念」でもって最後まで投降を拒否している。成功への思いは、「日本人」意識と重なりあい、最後には「玉砕」へと動員されていったのである。

南洋群島への移民が、〈Suicide Cliff〉、あるいは〈Banzai Cliff〉という地名をサイパンに刻印した道程であったということを忘れてはならない。南洋において「日本人」になるということはいったい何だったのか。この問いは、沖縄戦を考えるうえでも重要な論点になるはずである。

2　参加と規律化

i　生活・モラル・ナショナリズム

周知のように、朝鮮や台湾での皇民化政策同様、沖縄でも沖縄文化の抑圧が進められたとし、国民精神総動員運動から沖縄戦にいたる過程をかかる皇民化がより強力に推し進められていったとする理解が存在する。*6 確かに淵上知事の「沖縄文化抹殺論」に象徴される当時の指導者の主張は、沖縄独自の文化を否定し、さらには天皇のために死ねる臣民として沖縄の人々を育成していこうというものであった。

しかし一方で大城将保は、当時の翼賛運動の方針は地方文化の抹殺ではなく、むしろ宣揚する方向にあったとして、沖縄文化連盟の活動などに注目する。また、当該期において伝統文化の抹殺としてやりだまにあげられている標準語励行運動やユタ狩などは、防諜にかかわる戦争政策に起因するものだとして、翼賛体制構築と沖縄戦にかかわる第三二軍の政策との政策上の区別を主張している。その結果、大城においては、精動運動から沖縄戦にいたる過程は、基本的には本土農村と同じく、古い共同体規制を利用した隣保組織を基盤とする部落会、町内会による翼賛体制構築として把握され、とりわけ「相互扶助と共同体規制の伝統が根強」い沖縄ではより強力だったという理解になる。*7

さて、沖縄における精動運動の特徴は、その運動の内容が生活改善に著しく偏っていたという点である。たとえば一九三七年九月から翌年の三八年九月までの間に、精動運動にかかわる講演会などに動員された延べ人数のうち、その約半数が、生活改善に関するものであった。ちなみに動員数に占める生活改善の割合は、沖縄を除いた全国平均では、一一パーセントにすぎない。*8

この改善の対象としてとりあげられたものは、沖縄語、はだし、豚便所、墓、洗骨、姓名、占い、ユタ、服装、飲酒、毛遊び、蛇皮線での唄い、祝い事、衛生問題、時間厳守など日常生活にかかわる細部に及んでいる。一般にこの時期の生活改善運動に対しては、倹約と貯蓄という「経済戦」としての意味が指摘されており、そうであるがゆえに、翼賛体制構築のなかで次第に形骸化するとされ、また前述したように大城においても、重視されていない。しかし、この日常生活のすみずみにかかわる指示により構成される生活改善こそ、戦争動員を実現していく規律を考察するうえで、重要なポイントになる。
まず指摘しておかなければならないのは、この生活改善の諸項目は、当該期に限った問題ではないという点である。沖縄語や「特異」とされた風俗・習慣は、風俗改良運動のなかで明治後期から一貫して改善の対象とされてきたし、また逆に、精動運動以降の一九四〇年代になってからも、生活改善でとりあげられた項目、とりわけ沖縄語や衛生問題は、重要な改善項目とされてきた。[*9] すなわち、時期によって比重のかけ方にはやや違いはあるが、この生活改善運動であげられた項目は沖縄の近代においていつも改善の対象とされてきたのであり、したがって、その分析にはたんに「経済戦」や翼賛体制構築に限定されない理解が要求されるのである。
だがしかし、明治期から沖縄戦までを皇民化で塗りつぶしてしまう認識も、問題の所在を見失うことになる。たとえば沖縄語に関して、その禁止は一九三〇年代を通じてこれまでになく浸透し、それまで学校の教室に限定されていた禁止が、日常生活における家庭内にまで広がったのである。たとえば、言語学者の外間守善は、「昭和八年に、那覇市で小学校に入った私は、家庭では方言、学校では標準語、という二重の言語生活を過ごしたものであるが、一六、一七年に小学生であった私の弟妹たちは、家庭、学校を問わず、標準語で通していた」と述懐している。[*10]
精動運動から沖縄戦にいたる歴史過程における生活改善を考察するうえで重要なのは、なぜそれが日常生活のレベルにまで浸透したのかという点である。それを解くカギは、沖縄労働力が流亡せざるをえないソテツ地獄期の一九三〇年代にある。本章では、大城が重視した古い共同体ではなく、そこから流出した人々と生活改善との関連性を重視したい。

生活改善の日常生活への浸透を考えるうえで重要なのは、その浸透のスタイルである。精動運動における生活改善においてまず指摘できることは、明治期以降一貫として存在した文字どおり「すべての方言の話し手を犯罪者にし、密告者を育て上げる」[*11]といった方言札による学校教育や警察によるユタの取締などが、この時期より強化されたという点である。また生活改善が強制されるなかで、警察、学校だけでなく、大日本婦人会、青年団などの組織が運動を担い、こうした動きが、一九四〇年一二月一〇日の大政翼賛会沖縄県支部の結成へとつながっていくのである。[*12]この過程で、教師、村長、官吏がその指導者として中心的役割を果たすようになっていった。[*13]

かかる展開は、たしかに共同体を利用した強制という側面をもち、大城がいうように隣保組織を基盤とした部落会、町内会による翼賛体制構築への動きとしても、さしあたり理解することができる。しかし、生活改善運動を伝統文化の払拭ととらえ、その運動も伝統的な共同体社会を基盤とするという理解は、みずからの基盤をみずからが掘り崩していくというアポリアに対して説明が必要になる。[*14]ここで注目したいのはむしろこうした生活改善運動が、上からの指導・強制というだけではなく、あるべき生活が生活道徳として受容されたという点である。その結果、沖縄語を話すものはたんに指導者や警察などにより摘発されるだけではなく、「道徳的犯罪者」として相互に監視されることになった。[*15]

また生活改善が道徳として受容されるということは、それを指導する人間に、たんに強制的に指導することだけではなく、その道徳を体現する模範を示すこと、いわば道徳的指導者であることを要求することになる。逆にいうなら生活道徳を体現することにより、指導者の指導性は確保されることになるのであり、生活改善がより指導者層によって厳しく唱えられたのはこのためである。[*16]本章ではこの生活道徳としての生活改善運動に注目するが、強制でもなければ国家装置でもなく、あえてモラルという設定をした理論的含意について、二点ほど言及しておきたい。

第一は支配の問題についてである。道徳の受容はそれからの逸脱として「道徳的犯罪者」を生むが、道徳が生活の微細にわたる具体的指摘により構成され、しかもそれ自身明確な教義をもたないぶんだけ柔軟に実生活に適用されるがゆえに、道徳からの逸脱の恐怖は、日常生活全般に及ぶことになる。また道徳が生活常識として定着するぶんだけ、その支配は見えにくくなる。かかる日常生活に及ぶ逸脱の恐怖を恫喝とした生活の規律化、そして日常生活のなかに匿名化された支配の側面を、暴力による支配とは別に、監視とよんでおく。[*17]

第二は主体の問題である。道徳は明確な教義や体系をもたないがゆえに、個別的で具体的な道徳と主体の間には、道徳にそって「自己を導く」という関係が成立する。その導き方は教義や規範により一義的に決定されるものではなく、具体的実践のなかで個々人がつくりあげるものなのである。ここにモラルという問題設定が価値の内面化の問題に単純化されえない理由がある。

フーコーの言葉を借りれば、「個人はこの道徳的実践の対象を組み立てる自分自身の部分を限定し、自分がしたがう掟にたいする自分の立場を定め、自分自身の道徳的完成という価値をもつようになるある種の存在様式を設定する。しかも以上のことを行うために、自分自身に働きかけ、自分を知ろうと企て、自分を抑制し、自分を試煉にかけ、自分を完璧なものにし、自分を変革する」のである。またフーコーはこうした自己による自己に対する作業を「道徳的主体としての自己自身の組立」とよんだ。[*18]

したがって、生活道徳としての生活改善運動の分析において重要なのは、そこに皇民化イデオロギーの教義を発見したり、またダイレクトに「臣民」が生み出されることを探ることではなく、明らかにすべきは、人々の道徳的実践にもとづく「自己の組立方」であり「自己を導く」方向でなければならない。一義的教義や体系ではなく、人々の論理こそ重要なのである。

第一の点が道徳に潜在する排除と恐怖の側面に注目しているのに対し、第二の点は道徳的実践にかかわる自己の肯定と悦びの側面に注目している。この両者が道徳の浸透として一体化されているということは、自己の肯定と悦びのなかで「道徳的主体としての自己を組立」てていくプロセスが、同時にその意図せざる結果として監視という支配を生み出していくことを示唆している。

精動運動から沖縄戦への歴史過程において、道徳実践としての生活改善運動に注目する理由は、人々のいかなる思いがいかなる支配を生み出していったかを明確にしたいからであり、それにはたんに上からの強制という理解や政治機構に限定された分析では決定的に不十分なのである。また、かかる主体に引きつけた問題設定が、沖縄戦において発見すべきものを見通したいという前述した問題意識から導かれていることは、いうまでもない。

ii 「沖縄方言論争」の解読

生活改善をモラルとして受容していった人々の論理がどこにあるのかを探るために、生活改善のなかでももっとも重視された標準語奨励運動をめぐる論争をとりあげる。この「沖縄方言論争」とよばれるものは、一九四〇年一月、柳宗悦ら二六名の日本民芸協会のメンバーが沖縄を訪れた際、沖縄語廃絶運動を厳しすぎると批判したことからはじまる。まず沖縄で『琉球新報』、

『沖縄日報』、『沖縄朝日』の紙上において論争が展開した後、柳の主催する『月刊民芸』に論争の場が移るにともない、論争は東京に拡大した。

この論争に関しては多くの分析がなされているが、総じて、皇民化を推進する推進派とそれに抗する柳・民芸グループという構図が踏襲されている。しかし、論争をみるかぎり、沖縄出身者のほとんどが推進を主張しており、その声の広がりは当時の時代状況を考慮しても、たんに県当局による上からの皇民化とはいえないものがあると考える。以下整理された結論だけを簡潔に述べる。[*19]

まず、同論争では二つの文脈が存在している。すなわち、標準語奨励運動を推進しようとする主張においては、その理由を「文化的意味とは別」であるとし、逆にそれを批判する柳宗悦や民芸のメンバーは、沖縄語の問題は「文化」の問題だとした。すなわち双方とも「文化」とよぶものと、そうでないものという二つの文脈を前提にしたうえで、運動を推進する沖縄側は「文化」でない文脈からその必要性を訴え、批判する柳らは「文化」の文脈で沖縄語の重要性を主張したのである。

ここでいう「文化」とは、柳によれば「正しきもの、誠なもの、美しきもの、健かなるもの」であり、きわめて価値的な内容をもつ。[*20]これに対し標準語奨励運動の推進理由である「文化」とは異なる文脈とは、県外流出とそこでの差別の克服である。流出先での差別をのりこえ成功するには、沖縄語撲滅が必要だというわけである。またその流出先として日本と南洋があげられている点に注意しておきたい。[*21] この論争に加わっていた清水幾太郎は、こうした二つの文脈を、一方は「文化の高い要求」であり、他方は「動かし難い必要」と述べている。[*22] 本書でも同様に、価値的な「文化」と県外流出にともなう生活の「必要」の分離と整理しておこう。

では、何をいかなる「文化」といったのか？　標準語奨励は「必要」の問題だとした主張においても、多くの場合潜在的に「文化」について論じている。その主張は次の二つの類型に分かれる。

第一の類型は、沖縄語をはじめ生活改善で唱えられている項目が「沖縄文化」というカテゴリーを構成し、それが日本と比べて「低位」のそして「遅れた」、したがって払拭すべき負の価値をもつものとして設定され、またためざすべき正の価値として、「日本」または「日本人」が設定される場合である。[*23]

第二の類型は、「沖縄文化」を構成している項目も、それが払拭すべき「遅れて」いるものとして設定され、「日本」を志向する点も同じだが、そこに台湾や南洋との比較が導入されている場合である。[*24] すなわち、「沖縄人」と南洋群島の「土人」との同一性を意味する「ジャパン・カナカ」からの脱却が主張されているのである。「県民よ台湾に敗けるな！」というわけである。そこには遅れた「沖縄文化」をはやく払拭しないと、さらに遅れた台湾や南洋と同じになってしまうという認識がある。

この点を第一の類型との関係で述べれば、第一の類型が自己の日常生活にかかわる沖縄語をみずからが遅れたものとして払拭していく運動（これを「異化」とよんでおく）にかかわっているのに対し、第二の類型は払拭されるべき負の価値が台湾や南洋という別の顔をもって実体化されており、したがって、第一の類型のかかわる「異化」運動が続くかぎり、台湾や南洋などの集団は永遠に排除される位置に存在することになる。この二つは、後の議論のためにも厳密に区分しておきたい。

ところで、この二つの類型に共通しているのは、それが県外流出における生活の「必要」という意図と並存している点である。すなわち、沖縄語払拭は「沖縄文化」を遅れたものとみなす価値基準にとって合理的であるばかりでなく、県外での差別を克服し成功するという目的を達成する戦術的手段としても合理的なのである。いわば、M・ウェーバーのいう価値合理性と目的合理性が一致しているのである。

かかる事態は、私的欲望が文字どおり私的なものとしては、登場しえないことを意味している。また同時に、価値的側面が柳のいうような「正しきもの、誠なもの、美しきもの、健かなるもの」としてではなく、欲望実現のために習熟せざるをえない形式・文法として存在していることを示唆している。このことは、「日本人」になるということが、価値の受容というよりも、「道徳的主体としての自己の組立」として分析されなければならないということを意味していると同時に、めざすべき価値としての「日本人」・「日本文化」の内容も、形式・文法として検討されなければならないことを示している。こうした意味において次の鶴見俊輔の指摘は、きわめて示唆的である。

これら（軍人勅諭、教育勅語——引用者）の勅語の要所を占める言葉は、それらの言葉によって日本人が自らの道徳上ならびに政治上の地位を守るために用いる言葉です。これらのカギ言葉を繰り出すことに習熟すると、天皇に対して忠誠な臣民であることの定期券を見せる役割を果たすことになります。（中略）勅語の中のこれらのカギ言葉は、読み下すためにも、またそれを正しく書くためにも、そうとうの練習を必要としました。一度これらのカギ言葉を自由につかえるコツを覚えますと、あまり考えることなくいくらでも話したり書いたりすることができるようになります。*25

こうした視点で「日本人」になるということを考えるとき、そこには、たんに価値を受容し内面化した主体ではなく、生活の「必要」に応じて対応する、生活者としての戦略的な主体が設定されうるだろう。またかかる主体の戦略的対応が、いかなる「道徳的主体としての自己の組立」だったのかという点にこそ、本章の眼目がある。

これに対して、「必要」とは無関係だとした柳らの「沖縄文化論」は、価値合理性のみにより構成されている。これを第三の類型とする。そこでは、沖縄語などにより構成される「沖縄文化」は、発見されるべき価値ある「沖縄文化」であり、かかる点で前の二つと異なる。しかし、重要なのはその価値がいかにして与えられるかという点である。

すなわち、「沖縄文化」の価値は、「今の日本に失われた純粋な日本らしい文化[*26]」としての価値であり、柳の表現を借りれば今は見失われた本当の日本文化を発見できるがゆえの、文字どおり「国宝的価値」なのである。[*27]つまり発見されるべき「沖縄文化」は発見されるべき「日本文化」のなかで価値が与えられ、すぐれた「沖縄文化」の発見はすぐれた「日本文化」の新たな発見につながるのである。さらにこの第三の類型で注意すべきは、柳が「沖縄は朝鮮や台湾、ましてや支那などと同じではないのだ[*28]」といったとき、意外にも第二の類型の他集団の排除という点に近似しているということである。かかる点に留意しておこう。

iii プロレタリア化と労働規律

さて、「方言論争」から看取されるのは、生活改善で主張される生活道徳を受け入れ、監視と規律の網のなかにはいっていくその背後に、県外流出にかかわる生活の「必要」という人々の私的な意図が存在するということである。さらに重要なことは、それが「日本」、「日本人」になるという価値合理性をも有していたという点である。このコンビネーションは何を意味しているのだろうか。以下、「必要」だったから生活を改善したという利害還元主義的な理解ではなく、先の文化論の類型を念頭におきながら、この県外流出にともなう「必要」とはいかなる「道徳的主体としての自己の組立」を導いていったのか、その歴史的意味は何かを確定していきたい。

沖縄における県外流出は、地域労働市場の縮小と農民層の全般的落層化傾向を背景として、ソテツ地獄期に急増した。いいかえれば、農業内部のあるいは沖縄地域経済内部での上向は当該期ほとんど不可能だったのであり、それは沖縄における資本主義の展開に規定されていた。沖縄における近代は基本的には労働力流出という形でしか結果しなかったのである。[*29] 生活改善が県外流出にかかわっているということは、まさしく沖縄における近代のありようの問題なのだ。

ところで県外流出が生活改善運動の「必要」を構成したのと同じく、流出先の日本本土や南洋でも、一九三〇年代半ば頃から生活改善が主張されている。すなわち、生活改善は県外流出を媒介としながら、前述した沖縄の運動だけではなく、大阪、南洋群島といった地理的な広がりをもって同時に展開したのである。先に大阪への移動について述べ、南洋群島に関しては項を改めて論じよう。

まず、県外流出においては農民層の間で格差が存在した。全体の八割以上を占める一町未満層は流出先として本土と南洋に、一町以上層はおもに本土へ流出したが、上層の場合は下層とは異なった所へ流出した。すなわち、沖縄出身者半数以上をのみ込んだ大阪を中心とする本土労働市場は、一九三〇年代において機械・金属などの重工業部門を中心に拡大し、当該期におけるかかる拡大にともない、上層出身者は機械・金属などの高賃金部門への参入をはたしたが、下層出身者は日雇い労働市場と差別的労務管理を敷く一部の工場に依然集中する傾向にあった。また圧倒的多数の下層出身者は、沖縄出身者の集住地域を大阪、神戸の各地に形成し、こうした地域は周辺からの蔑視の対象にもなったのである。

こうした上層と下層の本土への流出における違いは、上層は中卒以上の学歴をもつことが可能であり、下層は不可能であるという学歴の違いにより刻印された。また上層は、同じ理由で県内の教師や官吏を占めており、これらが生活改善運動における指導者であったことは指摘したとおりである。

本土、とりわけ大阪での生活改善運動では、蔑視の対象になっていた集住地域における日常生活への微細にわたる改善項目が、払拭すべき「沖縄」、「沖縄人」を構成した。それは沖縄語の使用から、蛇皮線での唄い、料理献立からはては子育ての仕方にまで及ぶ。これらがやはり「遅れた」、「低位」なものとして負の価値が与えられ、したがって払拭の対象になり、逆にめざすべき正の価値として、「日本人」が設定されている。これは先の文化論における類型一と同じ構造を有している。

ところで、かかる生活改善は日雇い労働市場や差別的な労働市場にとどまっていた下層出身者の、一九三〇年代拡大した高賃金部門への参入とかかわっている。ライフ・ヒストリーから看取されるのは、学歴をもたない沖縄出身者が劣悪なそして差別的な労働市場から脱出する方法は、勤勉に働くことだったという点である。問題は勤勉性の証のたてかたである。勤勉性という労働能力の証明にはいかなる証が必要だったのか。[*30] 結論的にいえば、それは払拭すべき「沖縄人」とめざすべき「日本人」の二つの標識により判断された。集住地域における日々の生活にかかわる一つ一つの改善項目が、怠け者のそして勤勉でない労働者の標識として、逆にその払拭が勤勉性の証として了解されたのである。ここに、差別からの脱出という目的合理性と文化論にみられる価値合理性が合体する構図が存在する。

だがしかし、それだけではない。勤勉性が「沖縄人」・「日本人」という標識により測定され了解されるということは、沖縄語での語らいなどの身体的な行為から、料理の仕方、子供の育て方にいたる日常的行為のすべてが、労働能力の判定材料として監視されることを意味していたのである。

ここで、勤勉性と標識の関係は転倒する。勤勉性が標識により測定され了解されるのではなく、標識こそが勤勉性をつくりあげるのである。「沖縄人」という標識による日々の営みにかけられた恫喝こそ、労働の規律を与え、勤勉性を醸成していくのである。つまり、勤勉性を示す証をたてようとする運動が勤勉性をつくりあげていったのである。大阪の生活改善運動における「道徳的主体としての自己の組立」とは、沖縄出身者が立派な労働者として規律化された主体にみずからを組み立てていくという、まさしくプロレタリア化にかかわる営みだったのである。そしてかかる営みは同時に、文化類型一における「日本人」になるということが、人々に浸透していく過程でもあった。

3　帝国意識

i　南洋群島と沖縄

一九一四年、ドイツに参戦した日本は、同年一〇月にはドイツ領南洋群島を占領した。その後ベルサイユ条約により、同群島は、日本の委任統治国となり、一九二二年にはパラオ諸島コロール島に南洋庁が設置された。こうしてアイヌ・モシリ、琉球、台湾、朝鮮と侵出してきた日本は、マリアナ、パラオ、カロリン、マーシャルの諸群島からなるミクロネシア（グアム、ギルバート群島を除く）を手中に納めることになる。

南洋群島の日本帝国主義における意義は、それ自身の植民地経営上の利害にあるというより、南洋群島が一九三〇年代半ば以降「内南洋」とよばれたことが象徴するように、むしろ「外南洋」であるフィリピン、インドネシアへの侵出拠点としての面が重要である。内から外へという「大東亜共栄圏」にむけての南進拠点として、南洋群島は存在したのである。

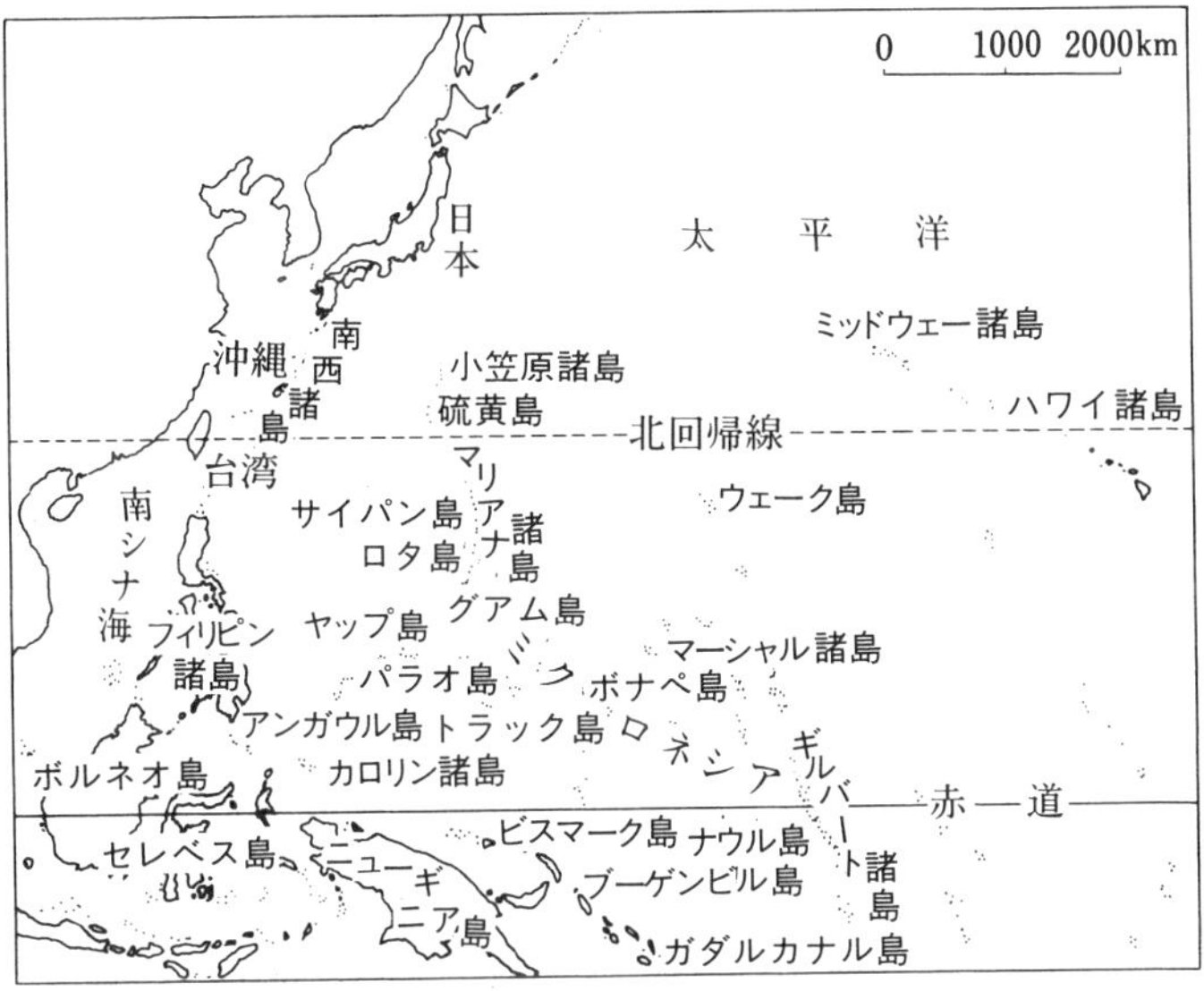

本書にかかわる南洋の島々

周知のように南進論自身は、志賀重昂の『南洋時事』や、田口卯吉の『南洋経略論』にみられるように、明治期にまでさかのぼることができるが、重要なのは、台湾領有に続いて南洋群島を軍事的に獲得することにより、南進の物理的拠点を得たという点にある。陸戦隊を率いて南洋群島を占領した松岡静雄海軍大佐は、ただちにオランダ領ニューギニア調査にのりだし、土地租借を試みており、南洋群島にいち早く侵出した南洋興発の社長である松江春次は、「南洋群島すなわち裏南洋が、我国の委任統治に帰してからは、大南洋に対する関係が根本的に変わってきたのであって、大南洋の奥地を以て目さるるニューギニア地方に対し、我国が最優先の地歩に立つに至った」と述べている。[*31] この松江の考えは一九三六年、南洋庁の後押しのもと、南洋興発に加え三井物産、三菱商事、東洋拓殖などの資本参加により設立された南洋拓殖として実現されていく。

南洋群島は委任統治領ではあったが、実際には委任統治条項に反する先住民への同化政策や強制労働が行われ、事実上植民地として存在したといえよう。ドイツ統治時代のアンガウル島の燐鉱採掘事業以外ほとんど見るべき植民地経営は存在しなかったが、日本帝国主義はこれまでに比して積極的に植民地経営をはじめた。

進出した資本は数多くあるが、主なものは次の二つである。一九二一年に東洋拓殖が興した南洋興発と、スペイン時代から貿易にかかわっていた南洋貿易である。前者は製糖を主軸に酒精、でんぷん、燐鉱、水産（南洋水産）、製氷（南洋製氷）などを行い、後者は商業、貿易、海運、椰子栽培などを行った。またこの他に南洋庁の官営事業である燐鉱採掘事業がある。これは先のドイツ南洋燐鉱株式会社を買収したものである。こうした植民地経営に要した労働力は沖縄から導入された。以下、労働力編成にポイントを絞りながら述べよう。

まず南洋興発であるが、労働力の調達にあたっては、先住民のチャモロ、カナカは労働能率が悪く使用できないとして、[*32]沖縄出身者を導入した。募集方法は、渡航費や一年間の生活費を貸し付けて募集するいわゆる契約移民の形態をとっている。[*33]仕事内容は、砂糖生産の原材料である甘蔗栽培にかかわる労働であり、雇用形態には農業労働者、小作人の二つの場合があった。[*34]また当初は、男子中心の出稼ぎ的性格の強い移民であったが、次第に世帯形成をともなう定住型に移行していった。[*35]

ところで、南洋興発が南洋群島において砂糖生産をはじめた時期は、一九二〇年の世界砂糖市場における糖価暴落により、低価格に耐えうる植民地経営のもとでの生産続行か、国内農業としての保護あるいは切り捨てかという選択に迫られ、世界的規模で糖業の再編が起こった時期である。日本の場合も沖縄の糖業は大打撃を受け、いわゆる「ソテツ地獄」を引き起こしたが、台湾の糖業は低価格にもかかわらず維持拡大していった。[*36]

では南洋群島はどうか。南洋興発による糖業は当初は不振をきわめ、「南洋放棄論」をよび起こすが、次第に立ち直り、サイパンからテニヤン、ロタ、ポナペへと事業を拡大していった。ちなみに、一九三〇年の時点での台湾、南洋群島、沖縄の甘蔗作の土地生産性は、台湾を一〇〇とすると、南洋群島が九七、沖縄が五六である。[*37]南洋群島における甘蔗作の生産性は台湾に迫る位置にあった。そして、それを支えた労働力は、ソテツ地獄により絞り出された沖縄移民より調達されたのである。
こうした沖縄移民を抱え込んだ南洋興発の労務管理においては、「熱帯惰気の克服」が課題とされ、時間厳守が重視された。また「原勝負」といって、甘蔗の収穫高を集団ごとに競争させ、勝った集団には奨励金を、負けたところには集団責任を負わす労務管理を導入し、お互を監視させたのである。[*38] 労働規律をいかに維持し「勤勉」さを調達するのかという点が、最大のポイントだったのである。

ところで、サイパンでの事業においては、その労働力のほとんどが沖縄出身者であったが、一九二七年に起きた争議の後に開始されたテニヤンへの進出では、沖縄以外にも鹿児島、山形、岩手などから徐々に労働力を導入している。その結果、一九三六年の時点でサイパンの蔗作従業者六八〇〇人中、約七四パーセントが沖縄出身者であるのに対し、テニヤンでは九二三一人中、約半数にとどまっている。また経営形態も小作人制度から農業労働者による直営農場形式に変えつつあった。[*39] このテニヤン進出を契機とした展開は何を意味しているのだろうか。

一九二七年、一九三三年の二回にわたって南洋興発では賃金等をめぐって争議が起こった。参加者は、第一回争議が四千人、第二回争議が六千人にも及ぶ。前述したように南洋興発は第一回争議の後テニアン、ロタ、ポナペに進出するが、その際、争議を起こした沖縄出身者を避け、内務省統計をつかって小作争議の少ない地域である、鹿児島、山形、若手からの労働者募集に踏み切っている。[*40]

さらにサイパン以外の経営では直接経営に重点がおかれたが、そこでは労働者の間には歴然とした格差が存在した。すなわち、労働者の監督にはすべて沖縄出身者以外の人間が起用され[*41]、またポナペでは農業労働者の間に「大和人、沖縄人、朝鮮人、島民」の順で賃金格差が存在したという。[*42]要するに南洋興発は、賃金が安くてすむが争議を起こした沖縄出身者より、争議を起こさないだろうと考えられた本土出身者を導入し、両者の間に差別的労務管理を敷いたのである。

次に南洋庁のアンガウル燐鉱採鉱所をみよう。同採鉱所では労働者の八割程度がチャモロ、カナカにより構成されている。まずこうした先住民の導入方法であるが、南洋庁から必要人員が村長に通知され、村ごとに動員された。希望者が割当人員に満たない場合は、「カルボス」とよばれるスペイン統治時代からの労務刑として、強制的に動員している。[*43]こうした動員方法は、南洋庁の土木事業にかかわる労働力調達においても実施された。[*44]ちなみに村長は旧来の首長を南洋庁が任命したものであり、ここに労働力動員をめぐって、帝国主義と首長制との接合関係が看取される。

アンガウル燐鉱採鉱所の賃金体系は、一九三三年の日給で、「内地人三・四五円、沖縄人二・

五三円、支那人二・一五円、チャモロ一・四〇円、カナカ〇・七六円」[*45]と集団ごとの序列を形成している。沖縄出身者は、賃金体系において「内地人」と「支那人」、「チャモロ」、「カナカ」の間にはされまた位置に存在していたのである。

以上より、南洋群島の植民地経営は、沖縄出身者の差別的賃金と一部先住民の半強制的労働により成立したといえる。こうした労働力編成における差別構造は、そのまま社会的な階層と対応していた。南洋群島には先住民のチャモロ、カナカや沖縄出身者以外にも、本土出身者、台湾人、朝鮮人がいたが[*46]、こうした諸集団間には社会的序列が存在した。大作『南洋』を著したピーティーは、南洋群島の植民地社会の社会階層を三つに分けている。一番上にくるのが特権を享受する「日本人〈the Japanese〉」、次は植民地経営にかかわる労働力である「沖縄人〈Okinawans〉」と「朝鮮人〈Koreans〉」、そして三番目にくるのが「島民」であり、これが先住民である〈Micronesians〉を表している。

さらには、「島民」のなかでも「カナカ」や「ヤップ」より「チャモロ」が上とされていた[*47]。しかしながら、二番目の階層である「沖縄人」、「朝鮮人」と三番目の「島民」との関係は、やや複雑な様相を呈していた。当時はやった戯れ歌では、「一等国民日本人、二等国民沖縄人、三等国民豚・カナカ・チャモロ、四等国民朝鮮人」といわれたが[*48]、そこでは「朝鮮人」と「島民」の位置が入れかわっている。

一九四一年、今西錦司率いる南洋群島への「調査隊」に参加した梅棹忠夫は、一九四四年に出版された調査報告において、「島民」からみた社会的序列について次のように述べている。

島民にいわせるとその序列は、内地人・島民・沖縄人ということになるらしい。近頃は半島人も入ってきたが、官庁の職業別からいえば、農業経営主である島民にとっては、労働者としての半島人にはやはり沖縄県人と大差のない位置より認め難いであろう。然るにいまいろいろな点で島民は疑惑に陥っている。委任統治領である限り島民はミクロネシア人であっても日本人ではない。半島人や沖縄人に「あわもり」の配給があっても、国際連盟規約にしばられた島民には、その配給がない。朝鮮の山奥から出て来て、文化的にも島民より低く、日本語もろくに知らない半島人が威張るのに対して、日本語のよく出来る若い島民たちは「日本人なら日本語をしゃべってみろ」というのである。*49

制度的には区分された「沖縄人」「朝鮮人」と「島民」との境界が、社会意識の側面では明確に確定されず、逆に「島民」は「沖縄人」「朝鮮人」を蔑視していたというのである。そしてそうであるがゆえに、後に述べるように沖縄の人々は社会的レベルにおいて「日本人」であるという証が要求されることになる。

ところでこの梅棹の文章からは、先住民への皇民化教育の浸透により、沖縄の人々や朝鮮人が「日本人」である証をたてざるをえなくなるという南洋群島の植民地社会のありようが看取できるが、注意すべきは、梅棹自身の眼差しがどこに据えられていたのかという点である。彼はすぐさま次のように続けている。

島民はなぜ日本人になれないのだろうか。島民をなぜ早く日本人にしてやらないのだろうか、内地人も島民も沖縄県人も半島人も日の丸の旗の下で働いているものはみな日本人ということにならねばならないのじゃなかろうか。

沖縄の人々にいっそうの「日本人」の証を促すのは、「島民」の蔑視というより、「日の丸の旗の下」で、「日本人」になるべく競い合って働くような社会を思い描く、梅棹自身の眼差しである。こうした南洋群島における「日本人」あるいは「沖縄人」をめぐる言説の分析については、次に考察しよう。

ii　帝国意識

ところで「内南洋」から「外南洋」へという帝国主義的膨張のプロセスにおいて注目したいのは、「文化事業」としての「南洋」である。すなわち、「冒険ダン吉」を掲げるまでもなく、「南洋」は人々の夢をかきたて、尹健次が「帝国意識」とよび、姜尚中が「日本的オリエンタリズム」とした「日本人」の心性を醸成したのである。[*50] いいかえれば、それは「想像の共同体」としての「日本人」において、「南洋」という言説がいかなる役割をはたしたのかという問題である。

注意すべきは、明治期から存在した南進論や南洋熱と、南洋群島の具体的経営にかかわって生まれる言説との差異である。前述した今西錦司を隊長とする「調査隊」に参加した浅井辰郎は、南洋群島の「文化的意義」として「日本人の熱帯進出性涵養」、「熱帯学の発展」をあげているが、[*51] そこから看取すべきは、たんに想像の所産としての「日本人」ではなく、植民者としての「日本人」のより具体的な「資質」が問題にされているという点である。植民者として「日本人」はいかに「適応力」をもち、南洋の指導者たりえるのか。それを実験し確認する場として、南洋群島があった。そこでは「労働能力」、「出生率」、「人種的系譜」、「文化の優越性」、「汗腺の数」などが「日本人」を構成する重要な概念として登場している。[*52]「日本的オリエンタリズム」に刻印された「日本人」は、具体的な帝国主義の現場において再度検討され、組立直されていったのである。

かかる検討作業においてその材料にされたのが、沖縄の人々である。植民者としての「日本人」の「資質」とは、南洋群島に移民として流入した沖縄の人々の「資質」の問題だったのである。では、南洋における「日本人」の「資質」はいかに語られたのか。いいかえれば、南洋群島の統治にかかわって、沖縄の人々をいかなる様式で「日本人」として演出するのか。

矢内原忠雄は『社会政策時報』の「南方労働問題」特集号（二六〇号、一九四二年五月）において、みずから調査を行った南洋群島における経験をふまえながら、「南方」への労働力供給について次のように述べる。


素直に言って沖縄人は一般内地人に比して生活程度低く、文化の発達遅れ、強烈なる酒精飲料を痛飲し、且つ郷里に於ける墓地の建造等不生産的消費の為にする送金額が著しく大である。それ故沖縄人は熱帯地方に於ける労働者として極めて精力的であり、強靭と忍耐とを具備し殊に開拓労働力として最適であるが、新社会建設の要素としては改善の余地大なるものがあるのである。*53

また沖縄の人々が「内地人のカナカ」、すなわち「ジャパン・カナカ」と呼ばれることに対し、矢内原は次のように述べている。

それほど沖縄人の生活程度は低く、その生活様式は島民の尊敬を博しないのである。したがって南方に於ける日本人の植民社会改善のためには、沖縄人の教育及び生活程度の改善を急務とする。「日本人の海外移民問題は沖縄問題である」とは、私が南洋群島視察により得た実感であるが、……今日南方に対する日本人の労働者的発展を考える時、それの中心勢力が現に沖縄人である以上、又沖縄人の強靭なる開拓的労働力を活用せしめるのが最も実際的に有効なる政策たる以上、移民問題と沖縄問題との関連について識者の注意を喚起する必要あると思考するものである。

ここでは、「沖縄人」の強靭さや忍耐に対し肯定的評価を与える一方で、「生活程度」や「文化の発達」に対し否定的評価を与え、それを改善し教育しないかぎりは、「沖縄人」は「日本的オリエンタリズム」の新たな客体である「カナカ」と同列に扱われてもしかたがないとしている。逆にこうした「生活程度」や「文化の発達」を改善すれば「日本人」になるのである。しかしこの場合の「日本人」とは、「開拓労働力」としての「日本人」であり、改善はあくまでも「島民」の生活とは異なる「南方における日本人の植民社会」の改善であることに注意しなければならない。そこには、労働者としてだけではなく、植民者、指導者としての「日本人」と、指導される客体である「島民」が措定されている。

この指導者としての「日本人」という点に関して、やはり同じ『社会政策時報』において太平洋協会嘱託の清野謙次は「日本人の熱帯馴化能力」に関して、内南洋の「日本人」に言及し、次のように述べている。

内南洋を例に見る如く素質の不良なる日本人は到底熱帯に於いて此の指導的精神を発揮し得られざるのみならず島民と相似たる心理状態に達し、島民をして日本人を軽蔑せしむる種となる。[*54]

「不良」で「指導的精神」がないから「島民」と同列になり、また「島民」からも軽蔑されるということの主張は、先の矢内原や梅棹の「文化的に低く」、日本語も満足に話せないから軽蔑されるという指摘と同じである。そこから看取されるべきは、「島民」からの「ジャパン・カナカ」

という蔑称が、先住民自身の感情というより、まずもって矢内原、梅棹、清野に看取される「日本人」をめぐる言説の問題であるということである。

すなわち、「沖縄人」が「ジャパン・カナカ」として「島民」から蔑視されているという主張には、「島民」を指導し調教することこそが「日本人」になるということであるというメッセージが隠されており、そこには、指導者としての「日本人」と指導される客体としての「島民」を演出する力が存在している。そして論ずるべき問題は、「ジャパン・カナカ」から脱出しようとする沖縄の人々に対する、この言説の力に他ならない。

一九三五年、サイパンにおいて沖縄出身者の有志が集まり、「文化程度」が「一般内地人に比して著しく低下している」ので、「沖縄県民の文化の向上」をはかるべくその具体策が討議されている。*55 これはいわゆる生活改善運動であって、前述したように一九三〇年代を通じてそれは南洋群島だけではなく、沖縄、大阪をはじめとして沖縄の人々が居住する各地で展開した。またパラオの沖縄県人会は、一九三七年に沖縄移民の「資質向上」をはかるため、次のような陳情書を沖縄県知事に送っている。

パラオ沖縄県人会に於いては当地在住県人の向上発展を計る目的をもって、従来の因習打破の件につき昭和一二年一一月三日役員会を開催致し候処当県人会の努力のみにてはその目的遂行致し難く県当局の協力を仰ぎたくここに及び陳情候也。……外国移民同様南洋群島渡航者に対して移民教育を施す事　公徳心の養成　公衆衛生の肝要　服装言語を日本人並にする事　船中に三味線携帯を禁止……。*56

さらにこうした生活改善運動は、翼賛運動のなかでも重要な柱とされた。事実、南洋群島大政翼賛会文化部は、一九四一年に「邦人教育振興方策」を定め、生活改善の指導徹底を項目に揚げている。*57 こうした生活改善運動において改善すべき公徳心や公衆衛生の欠如、服装、言語、サンシンなどは、沖縄の「低い文化程度」を示すものとして、したがって「ジャパン・カナカ」であることの標識としてとらえられている。また「ジャパン・カナカ」の改善が、「日本人」とりわけ、指導者たる「日本人」を志向していたことは容易に想像がつく。こうした「南進」の指導者たる「日本人」志向は、大東亜共栄圏が唱えられるなかで加速していったと思われる。

結局のところ南洋群島の生活改善は「文化程度」の低い「沖縄文化」を払拭するだけではなく、それがおなじく「文化程度」の劣った先住民との比較で主張されている点である。すなわち、「日本人」を志向する生活改善運動は、たんにみずからの生活にかかわる沖縄語を遅れたものとして払拭するだけではなく、「文化的低位」さを体現しているものとして先住民が設定され、その上に立つ運動だったのである。また、南洋群島の生活改善運動が植民地社会における民族的序列のなかで展開し、しかも序列をのりこえようとする沖縄出身者の運動自身が、「日本人」と先住民との序列を維持固定化する方向に働いている点も注目しておきたい。

南洋群島の生活改善運動における「道徳的主体としての自己を組立」てるとは、沖縄出身者が労働者として規律化された主体にみずからを組み立てていくだけでなく、先住民を指導する統治者としての主体形成だったのである。これは、前述の文化類型二における「日本人」になるということと対応する。

しかしさらに重要なのは、この指導者たる「日本人」を志向するなかで、その「資質」を沖縄の伝統として宣揚する動きが起こったという点である。かかる新たな展開と関連して注目されるのは、一九四一年八月に発足した沖縄文化連盟を中心とした翼賛文化運動が、一方で従来からの生活改善を唱えつつ、他方では琉球文化の再評価を主張しているという点である。

そしてこの再評価の骨子として、安里延の『沖縄海洋発展史』に顕著に看取されるように、みずからが古来海洋民族であり、したがって南洋の指導者たる伝統をもっているということが主張された。[*58] 新しい「伝統の創造」[*59]である。すなわち、この伝統の再評価から理解されるのは、大東亜共栄圏構想における新しい「南方日本人」が、沖縄の人々に対しめざすべき「日本人」像を明確に掲示し、それに連動して「伝統の創造」が展開していったことに他ならない。

南洋への流出にかかわる生活改善は、伝統文化の抑圧ではなく文化の刷新、さらには創造として展開したのである。東条英機が一九四三年七月に沖縄師範学校の生徒に対して行った訓辞で、「沖縄県民は、古くから南方に進出した祖先の『進取の気性』を受け継いで、『南方進出の戦士たれ』」と述べたのは[*60]、かかる点をふまえてのことだった。ここにいたって、生活改善を批判したはずの文化類型三が生活改善運動の延長線上に登場してくることが明らかになるだろう。柳自身が意図しなかったにせよ、まさしく「文化事業」としての南洋の展開のなかで、文化類型二は文化類型三（本書、三六〜三九ページ）にかぎりなく接近していったのである。

「ジャパン・カナカ」に通じる「低い文化程度」を示す諸要素の払拭と、指導者「日本人」に通じる「資質」の宣揚の間で、沖縄の人々による生活改善運動はまちがいなく「帝国意識」を醸成していったといってよい。しかし、沖縄の人々が生活改善にこめた思いは、指導者たる「日本人」になることだけではなかったはずである。

前述した南洋興発の第二回争議の後、沖縄県人会を中心に共栄会という組織が会社内につくられた。この共栄会は「労資協調」、「共存共栄」をスローガンにしていたが、その活動は「会員の品性を向上し風紀生活の改善を計り」とあり、[*61]生活改善運動を展開していたことは容易に想像できる。またポナペでは県人会が「バクチをやる人には控えるようにとか、勤務成績の悪い人には休まないように指導」している。こうした活動は、労働の規律を与える労務管理として理解できるが、注目すべきはこの県人会が会社との賃金交渉も行っていたという点である。[*62]

こうした生活改善にかかわる賃金引き上げがどの程度可能であったかは定かではない。しかしそこには、指導者「日本人」志向とは文脈を異にする、沖縄の人々の要求が存在したことは確かであろう。「ジャパン・カナカ」からの脱出とは、指導者「日本人」を志向する運動であると同時に、南洋群島の植民地経営を支えた差別的労務管理からの脱出でもあったのである。かかる生活改善の要求は、はじめに述べた南洋群島の労働力編成に対しても変更を求める可能性がある。

沖縄移民を推奨した大宜味朝徳が設立した海外研究所による『現代沖縄県人名鑑』（一九三七年）には、「よりよき向上」の手本になるような沖縄移民の成功者たちが収録されている。こうした成功をめざす「よりよき向上」を求める思いが「ジャパン・カナカ」からの脱出をめざす生活改善に結びついたと考えられる。生活改善こそ「よりよき向上」と「日本人」の癒着の現場なのだ。しかし同書から看取される成功者とは、多くの場合、漁業、雑貨商、料亭、女郎屋などの自営業者になることであった。こうした人々は、当初は小作人や農業労働者として南洋群島にやってきたのである。成功を求める沖縄の人々は、南洋興発における向上ではなく、そこから離脱し自営業化する道を選んだのである。

一九四一年、かねてより契約半ばで帰郷したり、会社をやめる沖縄移民の小作や農業労働者を問題視していた南洋庁は、これ以上の沖縄移民を望まない旨を沖縄県に申し送っている。その後すぐに戦争により移民の流入が不可能になることから、こうしたこれまでの移民政策を一八〇度転換させた転換させた南洋庁の動きをどう評価するかは、ピーティーがいうように難しいが[*63]、そこに成功を求める沖縄の人々と、南洋の指導者たらしめようとする南洋庁との思惑のズレをみることは可能だろう。一九四三年の『知事事務引継書類』に所収されている「沖縄県移植民事業基本方針」（内務部移植民係）では「錦衣帰郷を前提とする出稼ぎを排し」、「国家使命に徹せる開拓士の錬成」の必要性を指摘するとともに、「内南洋に対しては特に必要なる地域以外は当分その進出を抑制す」るとある。成功を求める人々の夢と帝国主義的侵略は、このように、ズレを住みながらも癒着していた。そうであるがゆえに、生活改善は官製の運動というより沖縄の人々自身の運動として展開したのである。

この癒着が示唆する重大な問題は、日々の生活の向上を願う思いに忍び寄る帝国意識であり、日常性のなかで措定されていく指導されるべき他者の存在である。この「ジャパン・カナカ」から脱出において演出されるべき「島民」とは、なにも南洋群島の先住民であるとはかぎらない。そこには天皇制国家の侵略先となったアジアの諸地域の人々がはいるだろうし、さらにいえば生活改善により払拭されていった沖縄自身があてはまる。こうした人々を他者とすることにより「日本人」は成立した。そしてこの生活改善のなかで、沖縄の人々はみずからの内部に払拭すべき他者を構成したのである。

一九四四年六月一五日の早朝、アメリカ機動部隊はサイパンに上陸した。このサイパンでの戦いで多くの沖縄の人々は自決し、また日本軍に虐殺されていった。住民が戦場へ動員されていく沖縄戦のありようは、すでにサイパンでの戦いにおいて開始されていたのである。もし「玉砕」という戦場の記憶を経験として語りうるとすれば、それは「日本人」になるということのなかで払拭され、指導されるべき客体として措定されていった他者を、いかに獲得するのかというところからはじめなければならないだろう。

またそれは、梅棹や矢内原にみられたように、「日本人」が沖縄を見る視線にすでに組み込まれているアジア侵略の契機を、洗い出していく作業でもある。いまだ遺骨が散乱し、戦場の記憶が閉じこめられている自然壕の横でマリン・スポーツを楽しむ人々のありようは、新婚旅行の観光名所になってしまった〈Suicide Cliff〉につながっているのである。

4 「日本人」になるということ

モラルの受容にかかわる人々の「道徳的主体としての自己の組立」は、「日本人」になるというプロセスとして展開した。しかしそれは、たんに文化論にみられる価値を受容したのではなく、生活の「必要」という目的合理性と「日本人」になるということが一体化したがゆえに人々に浸透したのである。最後に、「日本人」になるという主体化が、本土の労働市場と南洋群島への流出という「必要」にかかわっていたことの歴史的意味を整理しておく。一つは資本主義の問題として、いま一つは国家と支配の問題として。そして最後に、戦場の意味を定義したい。

前述した文化類型一と文化類型二が存在する背景には、乱暴に整理すれば、「自由」な労働市場の成立しうる国内労働の世界と、強制労働や差別賃金に基盤をおく植民地労働の世界の二つの労働の世界が存在している。いまこれを、「自由な労働」と「不自由な労働」とよんでおこう。*64 とするなら、差別からの脱出をめざした生活改善運動は二つの方向性をもっていたといえる。一つは「不自由な労働」の世界から「自由な労働」の世界への移行であり、いま一つは「不自由な労働」の世界のなかで向上するという方向である。前者の側面は日本本土への流出においてより顕著であり、労働者になるということ（プロレタリア化）が対応する。後者は南洋群島において顕著であり、統治者になるということが対応する。

重要なのは、この二つの方向が「日本人」になるということとして驚くほど共鳴しあい、一体化していたということである。「不自由」からの脱出は、労働者としての主体化と、「不自由」を維持する統治者としての主体化という二つの方向を生み出し、これらが一つの「日本人」になるということとして存在していたのである。プロレタリア化という近代社会形成への決定的動きのなかに、帝国意識が同時に醸成されている点に注意したい。

さらに重要なのは、この二つの方向が偶然並存していたのではなく、前者が後者をも生み出していく運動だったという点である。自己を「異化」し、「道徳的主体」として組み立てることと、「異化」する内容を別の他者に実体化させることとは一連の作業として存在しうるのである。重要なのはこの点であり、だからこそ二つの方向は一つの「日本人」になるということとして存在しえたのである。「日本人」になる、あるいはなったということは、かかることだった。この点は国内プロレタリアートの形成と帝国主義的ナショナリズムの形成の問題として、あるいは近代天皇制国家の問題としてさらに分析が必要であろう。

ここで、労働の領域における「自由」、「不自由」の意味を、支配の問題として考察しておきたい。「自由な労働者」になるということが意味するのは、自己を「道徳的主体」として組み立てることだった。それは、大阪における生活改善運動に看取されたように、「道徳的犯罪者（＝逸脱者）」という恫喝により日々監視され規律化されることを意味し、かかる規律化こそが労働の規律をつくりあげたのである。これに対し「不自由な労働」であるという問題は、自己の組み立て方とは無関係に支配されうることを意味している。つまり強制であり、これを実現さすのは暴力である。

植民地社会における「不自由な労働」の世界で統治者になるというときの統治とは、かかる強制、すなわち暴力の行使を意味しているのである。とするなら、「日本人」になるというプロセスにおける労働者になるということと統治者になるということの一体化は、監視される主体と暴力を行使する主体の二つの方向の一体化として設定することができる。監視される主体になるということは、同時に暴力を行使する側に立つということでもあるのだ。

ところでこの二つの主体化は、国家の内と外の問題としても設定しえる。ギデンスがいうように[*65]、近代とは国家による暴力の独占であり、それが内に対しては監視を、外に対しては軍事を行使しえる主体としての国家の登場を意味するなら、監視される主体と暴力を行使する主体とは、まさしく国家の内側の顔と外側の顔（ヤヌスの顔）に対応している。ただ通常は、暴力を行使しまた逆に暴力に見舞われる可能性があることに、監視される国内の主体は気がつかない。そうであるがゆえに、監視される主体により形成される市民社会と帝国は共存しうるし、帝国への参加が市民社会への参加として現出しうるのである。[*66] しかしそれは、ただ地理的な問題にすぎないのではないか。

この国家の二つの顔が、一人の人間の主体化の問題として合致せざるをえないのが兵士である。監視される主体が国家の暴力を行使し、あるいは逆に暴力を行使されることに耐えうるだろうか。ここに、戦場において、軍律という新たな監視と規律化が設定されなければならない理由がある。

もし戦場が、国内社会から隔絶している場合は、軍律が問題になるのは結局のところ兵士に限定されるともいえる。だがそれは、たんに戦場の問題でしかない。国内が戦場になるという状況において、まさしく沖縄戦が生み出した光景において、監視は暴力に耐えうるか。ここに、軍律の住民への拡大とその破綻という問題を扱う領域が存在する。

5　戦場動員

沖縄戦にいたるプロセスは、政治機構が部落会町内会を軸とした上意下達の戦時行政、さらには第三二軍を中心とした戦場行政へと変遷していく過程であった。それは、文字どおり軍が住民を指揮する軍事的機構の形成だったのである。したがって、沖縄戦突入の時期における生活改善も、戦時動員からくる軍事的要請との関連で検討しなければならないが[*67]、その分析視座は、戦場動員が求められるなかで、生活改善のモラル、とりわけ沖縄語禁止がどのような運命をたどったか、という点に定めなければならない。つまり、この時期の沖縄語禁止などが、軍事的要請から設定されたとしても、住民にとっては、モラルとして受容されていった生活改善の延長線上に存在するのである。以上のことを確認しながら、沖縄戦にいたる軍事的権力機構において注目すべきポイントを示そう。

第一は、軍内部において、生活改善運動における文化類型一と同じ認識が存在したという点である。すなわち、沖縄連隊区司令部の一九二二年の「沖縄県の歴史的関係及び人情風俗」、あるいは一九三四年の連隊区司令官石井虎雄の「沖縄防備対策」にみられる「文化程度低き」沖縄という認識は、第三二軍にいたるまで一貫して軍内部に存在し、沖縄語や毛遊び、衛生問題などが「低い沖縄文化」としてとりあげられている。*68

しかし、軍内部におけるこうした沖縄文化論は、たんに「文化」に対する価値判断にとどまるものではなかった。前述したように、生活改善運動が、プロレタリア化にかかわる人々の「必要」と関連していたように、この軍内部の沖縄文化論も戦場動員上の「必要」が絡んでいたのである。

すなわち、注目すべき第二点めは、戦場動員にかかわる「必要」、とりわけ防諜に関して、「低い文化」とされた沖縄語などの諸点が、軍事能力の標識として採用されている点である。プロレタリア化において、沖縄語などの払拭が高い労働能力を示す証として採用されていたのと同様に、軍事能力、さらには敵か味方かを示す証として沖縄語などの払拭すべき「遅れた文化」がとりあげられているのである。*69 その結果、「日本人」になるという価値合理性と兵士、あるいは味方であるという目的合理性は合致して設定されることになる。戦場動員は、生活改善運動における「日本人」になるという「自己の組み立て」に、接ぎ木する形で準備されたのである。

第三に注目すべき点は、かかる戦場動員がめざされるにともない、指導者も変化するという点である。当然のことではあるが、在郷軍人の起用である。生活改善運動における指導者は、中卒以上の学歴をもつ教師や官吏により占められていたが、それに加え第三二軍は在郷軍人を戦場動員の指導者として重視している。*70 事実、住民戦力化の典型である防衛隊や護郷隊において、在郷軍人はその指揮・指導にあたり、みずからも義勇隊を結成して戦闘に参加した。

このように第三二軍による住民の戦場動員は、新たに在郷軍人を指導者層に導入しつつ、明らかにこれまでの生活改善運動における「日本人」になるということと連続性を保ちながら準備されたのである。いいかえれば、戦場動員は軍事的要請にもとづき軍により上から強引に推し進めただけではなく、平時の心性と共鳴しつつ進行したのである。しかし、一方でこうした戦場動員は、まさしく戦場という場面において破綻していくことになる。

したがって次に求められるのは、戦場において人々の心が動員にいかに共鳴し、またいかに離反していったのか、その具体的ありようを記述することにほかならない。かかる課題にこたえるために、もう少しポイントを絞りたい。

軍律の住民への拡大に決定的な役割を演じた言説に、「スパイ」というものがある。軍律に従わない者が「スパイ」と認定されて処刑され、これが恫喝となり、人々は軍律に服従せざるをえなくなるのである。日本兵は、運命に服従するかそれとも「スパイ」として処刑されるかといった方法で、軍命への服従を強い、多くの人々を惨殺した。しかし、「スパイ」を規律の問題として考えた場合、誤解を恐れずにいえば、重要なのは「スパイ」として殺されることの残酷さよりも、軍律からの逸脱を意味するこのレッテルの正当性である。もしこの言説が住民の間に流通せず、したがってまた承認も与えられていなかったのなら、「スパイ」は規律の問題ではなく、たんなる日本軍の暴力的脅しの際の口上でしかなかったはずだ。

がんらい「スパイ」などというものは、軍事上の敵対行為を取り締まるところに本質があるのではなく、レッテル貼りだというところにその意味がある。いいかえれば、「スパイ」認定は当該者の行為に対する軍事にかかわる客観的評価ではありえず、ただレッテルを貼る側の意志一致が根拠になっているにすぎない。ある集団が「スパイ」だと意志一致すれば、「スパイ」は成立するのであり、その意味は、「スパイ」という逸脱による恫喝が集団内部へ規律を打ち込む点にある。

このような「スパイ」の意味に注視するなら、防諜という問題が軍律の拡大においていかに重要であるかが理解できるだろう。[*71] また、戦場動員が生活改善に接ぎ木する形でめざされたということは、生活改善運動における「道徳的犯罪者」が「スパイ」として読みかえられる可能性を示唆している。沖縄語を話す者を「スパイ」と認定することが、たとえ防諜という事実上の要請であっても、それは沖縄語を話す人間を「道徳的犯罪者」あつかいする沖縄戦以前の日常世界と無関係ではありえないのである。また、かかる「道徳的犯罪者」の「スパイ」への読みかえが意味するものは、「道徳的犯罪」という逸脱が担保していた日常世界における規律の軍律への移行だったのだ。福地曠昭は、みずからが生まれ育った大宜味村喜如嘉の一九四〇年代初頭における村の情景を、次のように描いている。

スパイの噂はしきりに流れていた。人々はいつの間にか、人を見るとスパイではないかと疑心暗鬼になっていた。旅人が通りかかったり、見知らぬ行商などがやってくると、「どこどこの家に入っていった」などとささやき合った。何時どこそこで怪信号があった、と巡査派出所に知られてきた者もいた。真相は不明だが、誰かが山からの帰り道にタイマツを燃やして歩いていたのだろう。また子供たちまでが「スパイ狩」に熱心であった。見知らぬ人物が通りかかるとその後を尾行していくのである。時には、村の有志（幹部）や巡査が尾行されたこともあって、かえって立派だとほめられて、美談風に伝えられたりした。とにかく、他所者に対しては大人も子供も真剣に警戒と疑惑の目を向けるのだった。*72

子供たちまでが熱心にスパイ狩をやっていたという沖縄戦突入直前の状況こそ、ユタ狩や方言札による沖縄語の取締りの延長線上にあるとともに、戦場動員を担う軍律の拡大まであと一歩の地点だったのである。

戦場動員における指導者の意味も、この防諜との関連でより明確になる。「道徳的犯罪」を監視・指導した道徳的指導者に加えて在郷軍人が、防諜にともなう指導者として、新たに参加することになった。たとえば、国頭支隊は国頭の各地で「諜報分子の獲得」を展開するとともに、住民による防諜組織である「国士隊」を組織したが、そこには中卒以上の学歴をもつ教師や官吏などの従来の指導者に加え、高等小学校出の在郷軍人が多数参加している[*73]。

戦場動員にかかわる軍律は、生活改善運動における規律に接ぎ木する形で登場した。だがそれは、日常生活の規律がそのまま軍律へと転轍していったのではない。日常世界が戦場へと変貌していくには、かつて兵士であった在郷軍人を指導者に導入し、「道徳的犯罪」を「スパイ」として読みかえるという飛躍も必要だったのである。しかし、そはあくまでもめざされた規律であり、かかる展開が逆に軍律のみならずその源となった日常生活における規律からも離反した主体を生み出すことになった。戦場とは、軍律がめざされると同時に主体の決定的離反を生む場でもあったのである。

6　戦場

以上をふまえ、現在存在する膨大な沖縄戦に関する記録から、「スパイ」を軸に戦場の光景を描いてみよう。まず戦場においては、なにを標識に「スパイ」と認定されたのか。膨大な沖縄戦記から看取できるのは、異常者、沖縄語使用、沖縄人、朝鮮人、移民経験、米軍接触などである。これらは、二つのカテゴリーに分けることができる。一つは、異常者、沖縄人、沖縄語使用、朝鮮人などの「道徳的犯罪」というカテゴリーと関連していると推察されるもの、いま一つは、移民経験、米軍接触などの「道徳的犯罪」とは直接つながらないものである。

前者から考えよう。「スパイ」摘発の場面において、日本兵による一方的な認定が多いのは確かである。しかし戦記からは、「スパイ」の摘発に住民がかかわっている場合もかなりあるということがわかる。[*74] 日本兵への通報から「スパイ」認定への暗黙の了解にいたるまでそのありようはさまざまではあるが、少なからぬ住民が「スパイ」の認定・摘発に参加している。とりわけ、朝鮮人にかかわる「スパイ」摘発に関してはそれが顕著である。またそれは、日本軍の一方的「スパイ」認定に対する「支那人とまちがえるな」[*75]という「スパイ」＝「支那人」を前提にした住民の反発とも同根であり、他集団と比較することにより「日本人」であることを主張する生活改善運動における文化類型二にも通じるものがある。たとえば生活改善運動における標準語奨励運動において、ある教師は次のように発言している。

大震災の時、標準語がしゃべれなかったばっかりに、多くの朝鮮人が殺された。君達も間違われて殺されないように。[*76]

こうした事実は、先にも述べたように、生活改善運動において浸透したモラルと「道徳的犯罪」という逸脱が、戦場における「スパイ」の認定・摘発と共鳴しあっていることを示すものである。また、住民の「スパイ」認定・摘発への参加においては、在郷軍人が中心的な役割をはたしている。「道徳的犯罪」から「スパイ」への移行には、在郷軍人の指導性が新たに加わる必要があったのである。

「スパイ」は「道徳的犯罪」と共鳴していた。それはまた、生活改善運動における規律が戦場における軍律の拡大と連続的であったことも意味しているのである。では、道徳的背景をもたない移民経験、米軍接触はどう考えられるべきか。この問題は、次に述べる離反する主体と関連するので再度後述するが、重要なのは、移民経験や米軍接触で「スパイ」と認定された人々には指導者が多くふくまれていたという点である。すなわち、指導者が監視・指導した「道徳的犯罪」が「スパイ」に結びつき、その「スパイ」が今度は指導者自身にふりかかってきたのである。

ところで、指導者の記す戦記に特徴的なのは、日本軍と住民の板挟みに悩む指導者の姿であり、それはかれらが軍から「スパイ」という恫喝を受けながら、一方で軍律浸透の実質的指導者であったことを示している。もしこうした指導者に対する「スパイ」認定が、軍から一方的になされていたのなら、それは支配の媒介項である指導者を特に軍が監視したという構図だけで理解可能である。だがしかし、指導者の「スパイ」認定においても住民の参加が認められる。これまで自分たちを監視・指導してきた人間を、指導のとおりに逆に摘発する人々の心性とはいったい何だったのだろうか。かかる論点に留意しておきたい。

軍律は平時の規律と共鳴しながらたしかに住民へと拡大していった。しかしそのプロセスは、同時に規律からの離反を生み出していく。多様な戦場のありようを整理するのは困難であるが、生死の境を前にして沖縄語の世界が浮かび上がってくるところに注意したい。

受け入れがたい運命を前にして、沖縄語を駆使してそれを切り抜ける防衛隊員。自決命令のなかで突然発せられる「リカ・シマンカイ」（さあ村へ帰ろう）。[*77]投降の相談、説得において使用される沖縄語。沖縄語での日本兵非難の会話。戦場で夜ごとくりかえされる琉球民謡の唄い。戦記において散見されるこうした沖縄語の世界は、生活改善運動において「道徳的犯罪」だとして禁止され、戦場においては「スパイ」の標識になっていた沖縄語での語りや唄いが、同じく戦場において、軍律とその共鳴板であった平時の規律からの離反を保障したことを物語っている。沖縄語は、戦場においてまさしく抵抗の言説として、登場したのである。[*78]

次に、指導者層に限定して軍律からの離反の問題を考えよう。前述した指導者における板挟みの苦悩という点からも想像できるように、指導者の離反は意外に早い。また後述するように、離反していく過程で、たんに板挟みで苦悩するだけでなく、明確に反日本軍運動を展開する指導者も存在した。そうであるが故に軍の恫喝もまたすさまじく、逆にこうした恫喝にもかかわらず離反した指導者は、多くの人命を救った立て役者でもあった。このような指導者の軍律からの離反において特徴的なのは、次の二点である。

第一は、アメリカ軍の指導者への対応に関する点である。「捕虜尋問調書」や戦記から明らかなのは、アメリカ軍は戦場動員を担った指導者を住民行政にふたたび利用しようとしたことである。かつての指導者は収容所キャンプにおいてもメイヤー、シビルポリスや社会事業、農務、労務、衛生などの行政組織の中心になったのであり、こうした収容所の秩序は、一九四五年八月発足した沖縄諮詢会に受け継がれていく。[*79] こうしたアメリカ軍の対応が、指導者の離反を推し進める方向に作用したことは想像に難くない。

第二は、指導者が軍律から離反して投降することを恥と感じていた点である。この恥が離反を阻止する方向に作用することは明らかだが、在郷軍人と高学歴エリート指導者との間にはこの恥に関して違いがあったと思われる。後者のエリート指導者は在郷軍人に比べ離反が早く、またその恥の感情は、収容所で同じ高学歴エリートを発見すると同時に軽減・消滅しているようだ。これは、かれらの恥の感情がたんに戦陣訓からくるだけではなく、みずからが所属集団であるエリート指導者層に対して抱く感情だったことを物語っている。こうしたエリート指導者の恥の意識は、たんに在郷軍人と違うばかりでなく、所属集団以外の指導者により監視・指導されていた一般住民との違いも浮かび上がらせることになる。

指導者層の存在は、規律が一枚岩の集団に均等に浸透したのではなく、階層性を前提にしていたことを示している。その結果、戦場における軍律からの離反も、これまで監視されてきたものがよみがえるという単純なプロセスではなく、もう少し複雑な様相を呈することになるのである。これが次に述べる「恨み」という問題である。

日本兵から投降を勧められたり投降していく日本兵をみつめる住民の感情は、共感ばかりではなかった。そこにあるのは、「殺してやりたいほど憎らしい[*80]」とか「唖然とする[*81]」という反感であり、また「これまで嘘ばっかりついて[*82]」という裏切りへの憎悪でもあった。こうした感情の根底には、これまで日本軍に協力してきたという過去が前提になっている。つまり、日本兵の勝手な振る舞いに対して反発しているだけではなく、これまで戦争動員にかかわってきたというみずからの過去が、日本兵の投降という裏切りにより破綻してしまうがゆえの憎悪なのである。あえていえば、こうした「だまされた」という感情においては、戦争動員のプロセスにみずからが深くかかわっていたことが前提となっているのである[*83]。

問われているのはみずからの過去なのである。したがってそこには、他者に対する怒りとともに過去の自己に対する激しい内省がある。かかる過去へ向かう心を基底においた怒りを、いま「恨み」と名づけておこう。

ところで、過去を内省的にふりかえることは、過去自身の問題というより、過去をふりかえる現在の問題だ。つまり、内省が向かう過去とは現存した過去そのものではなく、現在において発見され構成された過去であり、したがって、過去をどのように思い描くかということは、現在とどのように向き合うのかという問題と関連している。こうした視角において、少し立ち入ってこの「恨み」という用語を定義しておきたい。[*84]

「恨み」と同様に、過去をふりかえる様態を表現する言葉に「後悔」というものがある。富永茂樹は「後悔」を、大切にしていたものを失った喪失感や良心の呵責といった欲動に由来するものだと考え、こうした欲動は過去から現在を経由して未来へと流れていく時間的秩序を混乱させていくとした。またこうした欲動につき動かされた者は、後悔をくりかえすなかでこの欲動を次第に収拾し、ふたたびもとの時間的秩序に復帰してくのである。この理解からすれば、「後悔」とは「一次的な逸脱から秩序全体への復帰の過程」ということになる。

しかしかかる「後悔」の基本形を前提にして、富永が「後悔」の「反復あるいは過激化」と表現するものは、もとの時間的秩序に復帰できない「後悔」のありようであり、こうした「過激化した後悔」は、秩序から逸脱しつづけるという点において破壊的である。この「過激化した後悔」にみられるような、過去へ固着して復帰できない内省を、「恨み」の第一の性格としておきたい。またこうした「恨み」のもつ時間的秩序からの逸脱は、別の表現をすれば、B・アンダーソンが国民の共時的時間として注目したW・ベンヤミンの「均質的で空虚な時間」からの逸脱であるともいえる。[*85] 次章でも言及するように、H・K・バーバはこうした国民の時間に回収されない反復的で非共時的な時間こそ、ナショナルな同一性に決定されない臨界的な他者性が忍び込む領域だとしている。*86

しかし「過激化した後悔」でも、それが自己への内省的な営みにとどまるなら、「恨み」ではない。「恨み」に不可欠な第二の性格は、他者への怒りだからである。したがって、「後悔」から「恨み」に転じるとき、その営みは攻撃性を帯び、そうであるがゆえに、攻撃する者とされる者という二分性が生じることになる。しかし逆に、過去への内省的営みのない他者への怒りもまた、「恨み」ではない。

二分法を前提にしつつも、「恨み」にはいつも自己に対する内省的な問いかけがあるのだ。いいかえれば、「恨み」には、他者と同時に自己への問いかけを存在しているのである。沖縄戦において軍律が崩壊していくプロセスは、たんに軍律から人々が離反していくというだけではなく、このような「恨み」をともなっていたのである。またそれは、戦争動員に人々みずからが参加していた証左でもあるが、かかる参加が生活改善運動により準備されたことをふまえるなら、「恨み」を醸成する過去とは、戦場動員にとどまらないはずである。

久米島の農業会長が戦時中に綴った「吉浜日記」は、住民の側から戦争を考察するうえで希有の一次史料であるが、かかる「恨み」を考察するうえでも多くを教えてくれる。*87 吉浜は戦局が悪化するなかで、次のように記している。

戦に勝つことは、もう考えぬ。日本の国会もすでに沖縄を見捨てたのだ。……沖縄民族は自存の大計を立てるのだ‼ この沖縄民族の自存の大業は、生やさしい考え方ではだめだぞ‼ 生き延びるのだ‼ どんなことがあっても。生き延びるまで、苦悶をつづけるのだ‼ 民族の滅亡が、あってたまるものか‼ 吾々沖縄民族の総てが、無意義にして、無価値な犠牲を払ってたまるものか‼ 自存せよ‼

ここにあるのは、日本あるいは日本軍に対する激しい「恨み」と、その「恨み」とともに登場する「沖縄民族」というアイデンティティーである。「恨み」とともに過去が問われるなかで見えてくるものとは、へたをすれば「スパイ」認定の標識にもされかねない「沖縄民族」だったのである。また人々が軍律から離反するとき、沖縄語での語りや唄いが抵抗の言説として登場することは前述したとおりだが、そこには同時に「恨み」が存在していたことは十分予想できる。ここに、戦場において発見されるべき新たな主体の起点を定めたい。それは、戦場という場において、「恨み」とともに過去が問われたときに獲得された沖縄語であり、「沖縄民族」なのである。

ところで、吉浜が農業会長をしていた久米島は、沖縄戦において鹿山隊長率いる日本軍が多くの住民虐殺をひきおこしたことで有名である。虐殺事件がつづくなかで吉浜は、村の集会で次のようにあいさつしている。

どんなことがあっても、吾々は各自の自力によって、生き抜かねばならぬだろう。そして生き残る者が、次の民族組織をせねばならぬ。

この民族組織と先の「沖縄民族」は同列のものとして理解されるべきだろう。またポツダム宣言受諾後もたてこもる鹿山隊に対して、吉浜は住民武装による掃討戦を決意している。このような住民武装による日本軍との対峙は、久米島だけではなく沖縄戦末期においては各地でみられたと考えられる。新たな主体は、反日本軍闘争としての展開をも秘めていたのである。

しかし、吉浜は明らかに指導者であった。日本軍から離反し、反日本軍闘争を組織し、そしてまた米軍政下においても秩序の中心となった指導者に対する人々の感情を最後に問わなければならない。捕虜になったある防衛隊員は、収容所で戦時動員を担っていた指導者を発見したときの感情を次のように記している。

戦争の指導者として私らに苦労を強要していたくせに、戦争に負けたら掌をかえしてまた威張りくさりやがる……。[*88]

エリート指導者が収容所で同じエリート指導者を発見したときに抱く感情と、比較しなければならない。この防衛隊員の感情にあるのは、指導者への共感ではなく、激しい「恨み」である。こうした指導者の離反に対する「恨み」は、ほかにも散見される。

規律は階層性をもって浸透した。それは生活改善運動においても戦場動員においても基本的には変わらない。そうであるがゆえに、規律が崩壊するとき、沖縄の人々が日本軍に抱いたように、一般の人々はやはり規律を指導した指導者に対して、指導を受容してきたがゆえの「恨み」を抱くのである。先に、指導者層の「スパイ」摘発に住民が参加していることを指摘した。そこに人々の「恨み」が存在しなかったか、ということをやはり問わねばならないだろう。

山之内靖が整理したように、戦争の社会に及ぼす影響の不可逆性があるとしたら、それは戦争によりひきおこされた変化をその後どう制度化していくかにかかっているといえよう。[*89] とするなら、この戦場に固着した主体の処理こそ、制度化のプロセスであるといえる。逆に、かかる固着した主体こそ、制度化の流れを最深部で拒否する主体でもあり、これこそが安田武や橋川文三ら戦中派の個人主義的な実感主義に他ならない。

祖国復帰は一つの制度化であった。復帰を前にして大量の沖縄戦記が登場したことは、たとえほとんどが復帰を前提とする論調であったとしても、復帰という政治過程を個的な実感により徹底的に測定し、いっさいの妥協を拒否しようとする人々の姿勢の現れであったといえる。さらにいえば、戦後という時代がつくられるなかで、沖縄戦は戦後を相対化する通奏低音として戦後沖縄の思想状況に一貫して存在してきたといえよう。

しかし、こうした制度化への拒否と同時に戦記には、その記述一つ一つになぜ自分は戦場から歩きだせないのか、あるいはどう歩きだせばいいのかという内省的な問いが存在している。したがって、本章のように戦記をもとに構成される戦場の光景に対しては、個的な実感としての戦争体験をいかなる経験として発見しなければならないのかという問題設定が不可欠なのである。かかる意味で体験と経験を峻別しよう。本章において沖縄戦記から抽出されてきた個的な実感（体験）は、「恨み」と沖縄語であった。なにゆえに「恨み」と沖縄語なのか。そこから何が経験として発見されなければならないのか。

明らかになったのは、「日本人」になるというこれまでの営みが、戦場において「恨み」をもってとらえ返され、その過去へ向かう心のなかから沖縄語が忽然と登場したということである。

ではこの「日本人」になるとはいかなる営みだったのか。それは近代社会において労働者にそして帝国の統治者に、いいかえれば、監視され暴力を行使する主体になることを意味していた。だからこそ、戦場における「恨み」と沖縄語は、近代の監視と暴力を拒否する主体として発見されなければならないのであり、これこそが、「日本人」になるという「共同性」から離反した「恨み」と沖縄語という個的な実感を、新たな共同性のなかにうけついでいく際の、思想的内容規定に他ならない。

この新たな共同性とは、かつてあった伝統でもなければ、近代とは無縁の小宇宙でもなく、あえていえば、近代を希求しつづけてきたがゆえに発見され、構成された過去であり、過去の記憶である。またそれは、「日本人」になるということにかかわるすべての人々に共有され、「日本人」になるということが生みだした暴力により殺されていった人々との共同性を確保する思想である。[*90]

註

＊1——須崎慎一「翼賛体制論」鹿野政直・由井正臣編『近代日本の統合と抵抗 四』（日本評論社、一九八二

年)。

＊2――大城将保「戦時下の沖縄県政」『沖縄史料編集所紀要』(二号、一九七七年)一二〇頁。

＊3――沖縄県『沖縄県史 七』(一九七四年)三八七〜四〇〇頁。

＊4――沖縄県『沖縄県史 一〇』(一九七四年)一〇〇三頁。

＊5――移民の階層性ならびに学歴については、向井清史『沖縄近代経済史』(日本経済評論社、一九八八年)一一五〜一一六頁参照。また「サイパンでは学歴がなくても」儲けることができるという証言もある(浦添市『浦添市史 第五巻資料編 四』一九八四年、四一七頁)。

＊6――たとえば、高嶋伸欣「皇民化教育と沖縄戦」藤原彰編『沖縄戦と天皇制』(立風書房、一九八七年)。

＊7――大城将保「戦時下の沖縄県政」『沖縄史料編集所紀要』(二号、一九七七年)。

＊8――『道府県国民精神総動員実施状況 自昭和十二年九月至十三年九月』(文部省、一九三九年)の付表より計算。

＊9――風俗改良運動に関しては、沖縄県『沖縄県史 一巻』(一九七七年)五八四〜五八六頁。なお、生活改善で問題にされた諸項目には、戦後にも受け継がれているものが多い。かかる事実は、一九七二年の「祖国復帰」に重要な論点を提示するはずである。

＊10――外間守善「沖縄の言葉」大野晋・丸谷才一編『日本語の世界 九』(中央公論社、一九八一年)三三八頁。

＊11――田中克彦『ことばと国家』(岩波書店、一九八一年)一二〇頁。

＊12――『標準語励行県民運動実施要項』(沖縄県、一九三九年)では、「公私生活に於ける励行の徹底を期し進んで過程生活へ浸透せしむること」としてその綿密な推進方法が指示され、そこで「男女青年団体その他各種団体及び一般社会との密なる連携」があげられている。那覇市『那覇市史 資料編二中－三』一

九七〇年、四二七頁。

*13――とりわけ教師の役割は大きかったと考えられる。県翼参会実践部長であった来間泰邑氏の後の発言によれば、市町村に設けられた翼賛会推進員は「学校教師が多かった」とある。那覇市企画部市史編集室「沖縄の慟哭 一 戦時篇」『那覇市史 資料篇三-七』(一九八一年)三九頁。

*14――私はかつて同じ問題を、「自失へ向かう同郷性」として考察したことがあるが、本書でも、古い共同体伝統と個人主義的近代というダイコトミーではなく、近代のなかで伝統(共同性)の発明(ホブズボウム)をめぐる問題として、生活改善運動を考察する。冨山一郎『近代日本社会と「沖縄人」』(日本経済評論社、一九九〇年)。E. J. Hobsbawm (ed.), *The Invention of Tradition*, Cambridge, 1983.(前川哲治他訳『創られた伝統』紀伊國屋書店、一九九二年)。

*15――標準語教育に危惧を抱くある教師は、標準語奨励運動のなかで沖縄語を話すものが「道徳的犯罪者」として扱われていると表現している。那覇市『那覇市史 資料編二中―三』一九七〇年、四三〇頁。

*16――たとえば『戦時下に於ける県民生活の刷新向上に関する具体的方策』(沖縄県、一九四〇年)において、標準語奨励に関して「指導階級が、自らの責任自覚を基にして率先標準語励行県民要項」(前掲)や、『琉球新報』(一九三九年一〇月三日)の「いつもはきはき標準語」の記事にも散見される。

*17――逸脱のカテゴリーを重視した監視の理解については、ギデンスを参照。付言するなら、ギデンスによれば、監視は市民社会への参加を保障するものであり、また逸脱は全体主義支配の基軸としても議論されている。「全体主義支配への危険性は、全ての近代国家に存在している」(三一〇頁)のである。ただ、監視機構たる国家装置とモラルの関係については、議論しなければならない多くの余地が存在する。A. Giddens, *The Nation-State and Violence*, Polity Press, 1985.(松尾精文・小幡正敏訳『国民国家と暴力』而立書房、一九九九年)。

＊18——M. Foucault, *L'usage des plaisirs*, Gallimard, 1984.（田村俶訳『快楽の活用』新潮社、一九八六年）三八頁。
＊19——「沖縄方言論争」にかかわる史料は、那覇市『那覇市史　資料編二中—三』（前掲）に所収されている。
＊20——柳宗悦「沖縄人に訴ふるの書」『月刊民芸』（一九四〇年三月号）。出川は柳の民芸理論に人間生活が不在であることを鋭く批判している。出川直樹『民芸』（新潮社、一九八八年）。
＊21——たとえば沖縄県学務部「県民に訴ふ　民芸運動に迷うな」『沖縄日報』（一九四〇年一月一一日付）、吉田嗣延「柳に与ふ」『沖縄日報』（一九四〇年一月一六日付）、亀谷哲「移民県として話聴教育を起こせ（一）、（完）」『沖縄文化』（二巻三号、四号、一九四一年）参照。注意すべきは、沖縄語の払拭が実際に流出する人たちだけの問題として存在したのではないということである。「本土へいったら笑われますよ」という恫喝は、実際に流出しなくても有効なのである。
＊22——清水幾太郎「政策強化の現象」『東京朝日』（一九四〇年三月二七日付）。
＊23——たとえば兼城静「標準語の立場」『沖縄日報』（一九四〇年一月二一日付）、国吉真義「今日の問題（下）」『沖縄日報』（一九四〇年一月二六日付）、大宜味梅子「お偉い方々へ」『沖縄日報』（一九四〇年一月一三日付）。
＊24——たとえば「県民よ台湾に負けるな！」『沖縄日報』（一九四〇年一月二二日付）。
＊25——鶴見俊輔『戦時期日本の精神史』（岩波書店、一九八二年）五〇〜五一頁。なお、鶴見のこの指摘に関しては、広田照幸が示唆に富む考察をしている。広田照幸「戦時期庶民の心情と論理」筒井清忠編『「近代日本」の歴史社会学』（木鐸社、一九九〇年）。
＊26——「問題の推移」『月刊民芸』（一九四〇年三月号）。
＊27——柳宗悦「敢えて沖縄県学務部に答ふの書」『琉球新報』（一九四〇年一月一四日付）。

＊28――柳宗悦「沖縄語の問題」『東京朝日』（一九四〇年六月一日付）。

＊29――かかる沖縄における資本主義展開の構造に関しては、冨山『前掲書』ならびに、向井『前掲書』を参照。なお、大阪における生活改善運動に関する以下の叙述は、冨山『前掲書』にもとづいている。

＊30――ここでは、労働力は生活過程の技術的カテゴリーではなく、社会的カテゴリーであり、何を労働とみなし何を労働能力とみなすかは、さしあたり、技術的に決定されるものではなく当該社会の了解構造により決定されるということが前提になっている。重要なのは、自分が労働能力を有していることを、いかなる了解構造で証明するかという点なのである。冨山『前掲書』一四～一九頁参照。

＊31――松江春次『南洋開拓拾年誌』（南洋興発、一九三二年）三頁。

＊32――同、一三頁。

＊33――上原轍三郎『植民地として観たる南洋群島の研究』（南洋群島文化協会、一九四〇年）五二頁。

＊34――より正確には「準耕作者」と呼ばれる農業労働者と小作の間の形態もあった。同、五二～五三頁。

＊35――Mark R. Peattie, *Nan'yo: The Rise and Fall of the Japanese in Micronesia 1885-1945*, University of Hawaii Press, 1988, p. 160.

＊36――冨山『前掲書』七八～八二頁。

＊37――同右ならびに、山下久四郎編『砂糖年鑑』日本砂糖協会参照。

＊38――松江『前掲書』一〇二、一四一頁。

＊39――上原『前掲書』六二～六三頁。

＊40――「豆新聞」南洋協会南洋群島支部『南洋群島』（一～五号、一九三五年）、鹿児島大学水産学部『沖縄漁業史料集』（一九八五年）七〇頁、松江『前掲書』一八一頁参照。

＊41――浦添市『前掲書』四二一頁。

*42——同、四三九～四四〇頁。

*43——矢内原忠雄『南洋群島の研究』（岩波書店、一九三五年）一一三頁。

*44——同、四四二頁。

*45——同、一一四～一一五頁。

*46——台湾人、朝鮮人は南洋興発の前身である西村殖産の時に人夫として導入されたと思われる。

*47——Peattie, *op. cit.* pp. 111-112.

*48——赤嶺秀光「南洋移民とは何だったのか」『新沖縄文学』（八四号、一九九〇年）八一頁。

*49——梅棹忠夫「紀行」今西錦司編『ポナペ島——生態学的研究』（彰考書院、一九四四年）四八七～四八八頁。

*50——尹健次「植民地日本人の精神構造」『思想』（七七八号、一九八九年）、姜尚中「昭和の終焉と現代日本の『心象地理＝歴史』」『思想』（七八六号、一九八九年）、同「『日本的オリエンタリズム』の現在」『世界』（一九八七年二月）参照。

*51——浅井辰郎「日本人」今西『前掲書』三九四頁。

*52——こうした言説は、南洋群島における具体的な植民地支配の現場において、その意味を確認していかなければならないだろう。浅井は「南洋群島によって得た日本人の南進の体験、意志は内地で考えるより意外に大きく且つ実質的で、大東亜戦争下の今日多大な意義を有するに違いない」とするが（浅井「前掲」三五にページ）、かれのいう「実質的な体験」から植民地支配における「日本人」の「資質」を演出する作業には、これまでにない広範な諸「科学」が動員され、それは「大東亜共栄圏」の構築という作業日程のなかでより加速されていったのである。

*53——矢内原忠雄「南方労働政策の基調」『社会政策時報』（二六〇号、一九四二年）一五六～一五七頁。

＊54――清野謙次「南方民族の素質と習性・日本人の熱帯馴化能力」『社会政策時報』（二六〇号、一九四二年）一二五頁。

＊55――前掲「豆新聞」（一～八号、一九三五年）。

＊56――服部俊一・垣原誠也「南方発展と沖縄」南支南洋経済研究会『南支南洋研究』（三五号、一九四一年）三一～三二頁。

＊57――「南洋ニュース」南洋協会南洋群島支部『南洋群島』（七巻七号、一九四一年）。

＊58――安里延『沖縄海洋発展史』（三省堂、一九四一年）。安里延は別のところで次のように記している。「明治維新の廃藩置県によって再び盛に南方に発展し、中世精神を復活せんとするに至りました。そして大東亜戦争によって、東亜諸民族が、日本を中心として提携融和し、共存共栄の理想郷を実現して、欧州人の渡来以前の東洋に値するに至ったことは、將に祖先の偉業に応えたものといわねばならなぬ」（安里延『沖縄県人南方発達史要項』南洋史料一〇六号、南洋経済研究所、一九四二年）。

＊59――Hobsbawm, *op. cit.*

＊60――太田昌秀『沖縄のこころ』（岩波書店、一九七二年）一〇六頁。

＊61――上原『前掲書』五九頁。

＊62――浦添市『前掲書』四三九～四四〇頁。

＊63――Peattie, *op. cit.* p. 222.

＊64――I. Wallerstein, *The Modern World-System*, Academic Press,1974.（川北稔訳『近代世界システムⅠ』（岩波書店、一九八一年））一六三頁、参照。

＊65――Giddens, *op. cit.* 暴力と国家装置の問題に関しては、今後議論を更に議論をつめていく必要がある。ギデンスの理解が、近代国家内部における暴力的対立、弾圧の問題を看過しているという批判について

は、M・ショウの考察を参照。M. Shaw, "War and the nation-state in social theory", D. Held & J. B. Thompson (eds.), *Social theory of modern societies: Anthony Giddens and his critics*, Cambridge University Press, 1989.

*66——M. Show, "The Rise and fall of the Military-Democratic State", C. Creighton & M. Shaw (eds.), *The Sociology of War and Peace*, Macmillan, 1989.

*67——大城将保の一連の論を参照せよ。たとえば大城「戦時下の沖縄県政」『沖縄史料編集所紀要』（二号、一九七七年）。

*68——これらの史料に関しては、石原昌家「沖縄戦の全体像解明に関する研究一　資料編一」『沖縄大学国際大学文学部紀要』（一一巻一号、一九八三年）。

*69——玉木真哲「戦時防諜のかなた」地方史研究協議会編『琉球・沖縄——その歴史と日本史像』（雄山閣、一九八七年）、纐纈厚「沖縄戦における秘密戦」藤原彰編『沖縄戦と天皇制』（立風書房、一九八七年）参照。

*70——沖縄連隊区司令部「沖縄県の歴史的関係及び人情風俗」（本文前掲）の他に、「防衛隊指導計画」（「国頭支隊関係資料」本部町『本部町史　資料編』一九七九年、九八六〜九八七ページ）によれば、「国頭地区在郷軍人を糾合戦力化し郷土防衛のための皇民皆兵の中核として御奉公せしむ」とある。

*71——防諜は軍においてもきわめて重視されていた。たとえば「国頭支隊秘密戦大綱」（一九四五年三月一日付）では「防諜勤務方針　一、防諜は本来敵の諜報宣伝謀略の防止破催にあるも本島の如く民度低く且つ島なるに於いては寧ろ消極的即ち軍事初め国内諸政策の漏洩防止に重点を指向し……」とある。前掲「国頭支隊関係資料」前掲『本部町史』一〇三七頁。他にも、警察部特別高等警察課「事務引継書類」（沖縄資料編集所編『沖縄県史料　近代一』一九七八年）六〇二頁、陸上自衛隊幹部学校『沖縄作戦に

おける沖縄島民の行動に関する史実史料』（一九六〇年）二七〜二八頁参照。

＊72——福地昿昭『村と戦争』（「村と戦争」刊行会、一九七五年）六三頁。

＊73——前掲「国頭支隊関係資料」所収の「国頭支隊特務機関編成表」一〇七一〜一〇七六頁より。

＊74——住民にも戦争責任があるということを、主張しようとしているのではない。主体性の問題と責任の問題は同義ではなく、一般住民の戦争への主体的参加の問題を、ダイレクトに戦争責任論に結びつけるべきではない。逆に、指導者同様に民衆も戦争に参加し、両者の間にさしたる違いが確認されなくても、戦争責任においては決定的な違いがあるのである。アイヒマン裁判に関するハンナ・アーレントの次の主張を参照されたい。「君自身（アイヒマン─筆者）とても、その主要な政治的目標が全体未聞の罪の遂行ということになってしまった国家の住民はすべて現実に同罪であると主張したのではなく、潜在的に同罪であると主張したにすぎない。そしてどんな偶然的な内外の事情に促されて君が犯罪者になってしまったとしても、君がしたことを現実性と他の人々がしたかもしれぬことの潜在性との間には決定的な相違がある」。H. Arendt, *Eichmann in Jerusalem: a report on the benality of evill*, The Viking Press, 1963.（大久保和郎訳『イェルサレムのアイヒマン』みすず書房、一九六九年）二一四頁。

＊75——浦添市『浦添市史　第五巻　資料編四』（一九八四年）三五頁。

＊76——沖縄県労働組合協議会『日本軍を告発する』（一九七二年）六九頁。

＊77——福地昿昭『防衛隊』（沖縄時事出版、一九八五年）九九頁。

＊78——同様に、琉歌が沖縄戦を契機によみがえったという仲程昌徳の指摘もある。仲程昌徳『沖縄の戦記』（朝日新聞社、一九八二年）九七〜九八頁。ところで誤解のないように付言すれば、戦場にいきつくまでまったく沖縄語が話されなかったということを主張しているのではない。問題は戦場において話されたことの意味であり、そこに本章の問題意識がある。

＊79――我部政男「占領初期の沖縄における政軍関係」『年報政治学』（一九八九年）参照。

＊80――沖縄県『沖縄県史 一〇』（一九七五年）七一四頁。

＊81――琉球政府『沖縄県史 九』（一九七一年）七九二頁。

＊82――渡辺憲央『逃げる兵』（マルジュ社、一九七九年）六・八、一九三頁。

＊83――吉見義明は、敗戦直後における民衆の感情の一つに「だまされた」論があるとして、これを重視する。吉見も正しく指摘しているように、「だまされた」論において重要なのは、それが戦争に協力したという前提の上にたった感情であり、「戦争協力についての悔恨」であるという点である。吉見義明「占領期日本の民衆意識」『思想』（八八一号、一九九二年一月）。

＊84――富永茂樹「悔恨と近代世界」作田啓一・富永茂樹編『自尊と懐疑――文芸社会学をめざして』（筑摩書房、一九八四年）。その他にも過去に向かう心を扱ったものとして細辻恵子「ノスタルジーの諸層」（同じく『自尊と懐疑』所収）ならびに、F・デイビスの次の著作が参考になる。F. Davis *Yearning for Yesterday; A Sociology of Nostalgia*, The Free Press, 1979.（間場寿一・荻野美穂・細辻恵子訳『ノスタルジアの社会学』世界思想社、一九九〇年）。また歴史における「恨み」の重要性に関しては、滝沢秀樹「怨と恨」『歴史学研究』（五七四号、一九八七年）を参照。

＊85――B. Anderson, *Imagined Communities*, Verso, 1991 (revised edition), pp. 22-36.（白石さや・白石隆訳『増補 想像の共同体』ＮＴＴ出版、一九九七年）。

＊86――Homi K. Bhabha, *The Location of Culture*, Routledge, 1994, chap. 8 Dissemination.（本橋哲也他訳『文化の場所――ポストコロニアリズムの位相』法政大学出版局、二〇〇五年）。

＊87――吉浜智改『日記 久米島戦争記』（一九四五年三月二三～一一月三〇）。沖縄県立図書館に写しあり。

＊88――琉球政府『沖縄県史 九』（前掲）八三一頁。

＊89――山之内靖「戦争動員体制の比較史的考察」『世界』（五三一号、一九八八年）。

＊90――天皇制は、指摘欲望実現のために習熟せざるをえない巨大な形式・文法として存在しているだけでなく、戦場という近代の裂け目から経験として発見されるべき過去の記憶を管理し、「恨み」を無力化し、新たな共同性の登場を阻止し、「死者もまた危険にさらす」（ベンヤミン）のだ。過去の記憶をめぐる新たな共同性という思想は、天皇制の解体という実践をともなうものでなければならない。

III　戦場の記憶

1　証言の領域

B・アンダーソンのテキストからはじめよう。初版の『想像の共同体』では展開されないままでいた、同書の冒頭にある無名戦士についての記述は、同書の第二版において新たに加えられた「記憶と忘却」ならびに「センサス、地図、博物館」の章とともに、もう一度考察されなければならない。

無名戦士の墓と碑、これほど近代文化としてのナショナリズムを見事に表象するものはない。これらの記念碑は、故意にからっぽであるか、あるいはそこにだれがねむっているのかだれも知らない。そしてまさにその故に、これらの碑には、公共的、儀礼的敬意が払われる。これはかつてまったく例のないことであった。それがどれほど近代的なことかは、どこかのでしゃばりが無名戦士の名前を「発見」したとか、記念碑に本物の骨を入れようと言いはったとして、一般の人々がどんな反応をするか、ちょっと想像してみればわかるだろう。奇妙な、近代的冒瀆！　しかし、これらの墓には、だれと特定しうる死骸や不死の魂こそないとはいえ、やはり鬼気せまる国民的想像力が満ちている。[*1]

ここでアンダーソンは、戦死者についての二つの語りを提示している。一つは、戦死者を想像することにより、「鬼気せまる国民的想像力」(ghostly national imaginings) をかきたてる語りであり、これこそがナショナリズムを醸成する。しかしそこにはいま一つ、「でしゃばり」と非難されながらも、誰がどうして埋葬されているのかを語ろうとする別の語りが隠されている。さらにいえば、この語りが停止したとき、「そこにだれがねむっているのかだれも知らない」という沈黙が、無名戦士の墓を支配するのだ。ナショナルな語りが想像の共同体を生み出すとき、その饒舌な語りとはうらはらに、そこには沈黙していく別の語りが存在しているのである。沈黙していくのは、生者ばかりではない。アンダーソンはJ・ミシュレに言及しながらこのように言う。

ミシュレはたんに多くの死者のかわりに語ることを主張したのではなく、彼らが何を「本当に」意味しているのか、何を「本当に」欲しているのかを、死者たち自身が「理解していない」がゆえに、自分が言うことができるのだということを、鼻もちならない権威的な態度でもって主張したのである。[*2]

この権威的なミシュレの語りこそ、ナショナルな語りに他ならない。そしてそこには、何を欲しているのか、何を意味しているのかについて「理解できない」死者たちが存在する。この「理解できない」死者たちにかわって、ミシュレは饒舌に語りだす。「死者たちの深い欲望を掘り起こすのに、彼らの沈黙は何の障害にもならない」[*3]のである。

ここでは死者の沈黙を、「死人に口なし」とは考えないでおこう。物理的な発話能力がないがゆえに沈黙するのではなく、重要なのは、「死者のかわりに語る」という偉そうな語りのなかで、死者たちは自分自身を理解できなくなり、沈黙するということなのだ。したがって、ミシュレが「かわりに語る」ことをやめれば、死者たちだって話しだすかもしれないのだ。

沈黙していることをいいことに、「だれも知らないのだ」といって饒舌に語りだすナショナルな語りのなかで、沈黙していく生者や死者たちのこうした語りの発話の場を、さしあたり証言の領域としておきたい。ナショナルな語りのもとには、いつもこの証言の領域が隠されているのである。誤解のないようにくりかえせば、ここでいう証言は、発話能力の有無や、現場の経験といった言葉とはさしあたり無関係である。完全なる沈黙しかそこには存在しなくても、ナショナルな語りが存在するかぎり、証言の領域は設定されうるのである。

この証言の領域が、あのE・ルナンの『国民とはなにか』における忘却の問題にかかわることはいうまでもない。しかし注意すべきは、たんに忘却に対抗して記憶しなければならない領域が、証言の領域なのではないということである。ルナンが「いかなるフランス市民も、聖バルテルミの虐殺、十三世紀南仏で起きた虐殺を忘れていなければなりません」[*4]というとき、問題は忘却してしまうことではなく、忘却の前提になる虐殺の記憶が、フランス人同士の「同胞殺し」(fratricide)[*5]として設定されていることなのだ。虐殺が「家族の歴史」(family history)のなかでおきた悲劇として自然と思い出され、そして忘れていなければならないとされるこの想起と忘却の一連の技法こそ、ナショナルな語りを構成していくのである。

問題は、証言者を抹殺したり、発話を禁じたりすることなのではなく、何を記憶し、また忘却すべきかを「かわりに語る」、その語りの位置なのである。饒舌なるナショナルな語りの前提になっているのは、たんなる伝統の創造でもなければ忘却でもなく、記憶や忘却を指し示すことができる発話主体の定置なのだ。また証言の領域とは、ナショナルな語りとは異なる語りの位置をいうのであって、忘却に抗して「虐殺の記憶を忘れるな」ということでは断じてない。

ところで、ナショナルな語りにおける語りの位置とこの証言の領域は、人間を自己と他者に分割し分類する人類学的な言説の問題としても考察することができるだろう。というのも、戦死した者にかかわるナショナルな語りは、結局のところ死者たちがいかなる国民として死んだのかということを指し示すことであり、かかる意味においてそれは、死者を自己と他者に分割し分類していく語りだからである。死体をとりあげ一方的にその属性を宣告するという点において、ナショナルな語りは、考古学的遺跡から発見された骨を分類し人種を確定する人類学的な語りときわめて酷似している。

そればかりではない。生者と死者の間になんらかの実践的な関係が存在すると仮定しよう。とするならば、死者の「かわりに語り」、分類し、その属性を一方的に宣告する語りが、とりもなおさず生者と死者がとりむすぶある種の実践的関係の否認につながることは、容易に想像がつくだろう。こうした実践的関係の否認は、酒井直樹がいうように[*6]、文化的差異を語る言説にも共通する問題だ。戦死者をめぐるナショナルな語りは、語る主体と死者とのある種の実践的関係を否認し、死者を認識上の対象へと回収するのである。その結果死者は、まさしく語られることによって、ものいわぬ遺骨（観察対象）になるのだ。

死者の「かわりに語る」のではなく、死者とともにある時間性のなかで死者と対話しつづけることにより紡がれる語りとして、証言というものを設定するならば、こうしたある種の実践的関係やそこに継起する時間性を否認し、死者を国民の分類の対象として回収していくプロセスこそ、自己同一性を保証しわれわれの時間を表出するのである。それは文化的差異を語る発話同様、実践と認識の緊張をはらんだ試みであり、E・ラクラウやC・ムフが社会関係を組織化する実践として設定した「分節化」に他ならない。[*7] ここに政治という領域を設定しよう。

もし、生者と死者のある種の実践的関係というのが、非現実的で奇怪に聞こえるというのなら、心のなかで「想像された共同体」を設定することだって十分奇怪なことである。また、生者と死者の実践的関係というこの奇怪な仮定をおいたのは、新たな分節化を探る政治的な語りの位置として、証言の領域を設定したいからだ。重要なのは、ナショナルな語りに回収しきれない死者をめぐる領域において、発話という実践を再措定するということに他ならない。誤解のないように付言すれば、ナショナルな語りに回収しきれない死者であるがゆえに、証言の領域では生者と死者は実践的関係をとりむすぶのである。

ところで、こうしたナショナルな語りの実践的な再措定は、F・ファノンが「国民文化について」において主張しようとした問題でもある。ファノンは、植民地主義のなかで「人種化」されたナショナルな語りも、またそれに抗して現地知識人によりなされる、過去を想起し伝統の価値の発見をしようとする語りもともに拒否し、「国民文化」を「民衆によって思考の領域でなされる努力の総体」だといいきった。[*8] ファノンは、死者のかわりに国民の歴史を語るミシュレやルナンとは違い、いかなる語りであろうと「かわりに語る」ことを拒否しつづけたのである。

このファノンがとどまりつづけようとする領域に、H・K・バーバは、アンダーソンのいう「想像の共同体」に存在する「均質で空虚な時間」には回収されない、不確定で反復的な「遂行的時間」(perfomative time) を発見しようとしている。バーバは、国民を知的に占有する歴史主義的な語りに回収されない語りの可能性を探ろうとしているのだ。[*9] 私が証言の領域ということで明示したいのは、こうした語りの可能性なのである。

2 戦場体験

戦争体験のなかでも戦場のそれは、戦場における死という問題にかかわらざるをえないがゆえに、独自な領域をなしているといってよい。安田武の戦争体験は、一九四五年八月一五日のソ連軍との戦闘で自分より一〇センチ右にいた「B」が、狙撃され即死したことへの強烈なこだわりである。

ところで、ぼくが、いま不しあわせでないのは、あの時、ホンの十糎ほど左の方に位置していたからなのだろうか。ソ連軍の狙撃兵が、ぼくではなく、Bを狙ったからであろうか。それとも、八月十五日に、敗戦がきまったからであろうか。では、あの時、十糎ばかり、右の方にいた奴のしあわせは、どうなったのだろう。もし、「終戦の詔勅」が、昭和二十年八月十四日だったらどうなるのか、八月十六日だったら、それはどうなっていたのか。[*10]

このような解決不可能な問いへの執着が、戦場の体験を語る一つの語り口であることはまちがいない。またこうした語り口は、安田のこだわりと同様に多くの場合、きわめて個別具体的でまた身体的な記憶により構成されている。安田にみられるこうした個別具体的で身体的な記憶を、橋川文三が「心理的リアリティ」とよんだ小林秀雄の歴史認識のなかで理解することは、さしあたり間違っていないだろう。[*11]「母親にとって、歴史的事実とは、子どもの死ではなく、むしろ死んだ子どもを意味する」という小林秀雄の歴史意識を貫くのは、個別的事象への倫理性を帯びた執着である。戦死はけっして匿名化された死ではなく、死んだ戦友であり友人として記憶されなければならないのである。だがこうした記憶の形態を、「痛みは本人にしかわからない」といったたぐいの体験の特権化に結びつけるならば、そこに展開しようとする分節化の可能性を見失うことになる。

一九四五年八月六日、下痢をしたため勤労動員を休んでいた関千枝子が、勤労動員にかり出されていて被爆し、全滅した級友の死にいたる過程を、克明に記述しようとするのも同じこだわりからである。関の『広島第二県女二年西組』（筑摩書房、一九八五年）の最初の見開きにえがかれている地図は、戦場体験と呼ばれる記憶の形態を如実に示してくれる（次頁の図参照）。

この地図では、爆心地から幾重もの円が描かれている。こうした円の内部では、いっさいの人

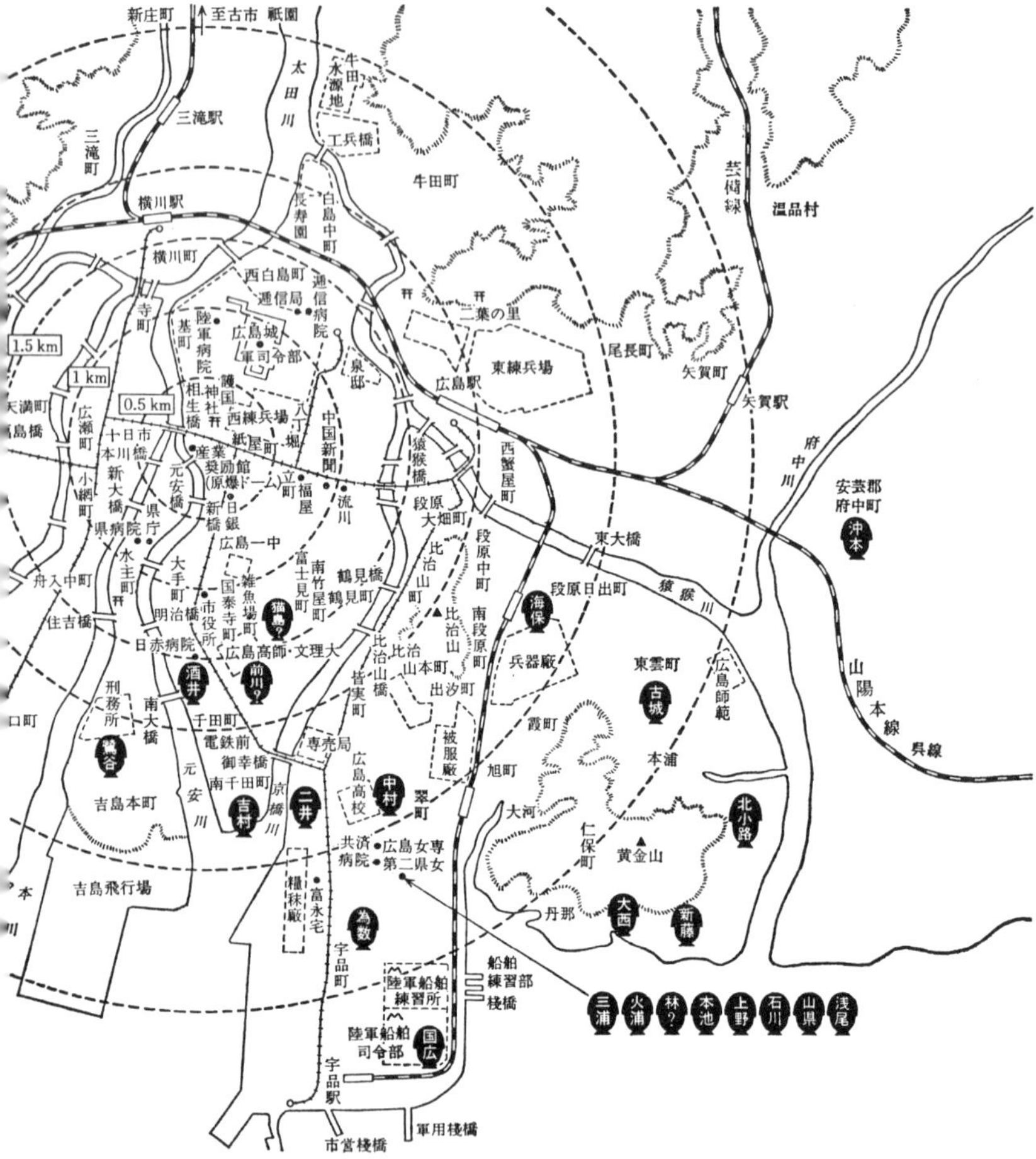

関千枝子『広島第二県女二年西組』(筑摩書房)より.

被爆当時の広島市と級友の死亡地点

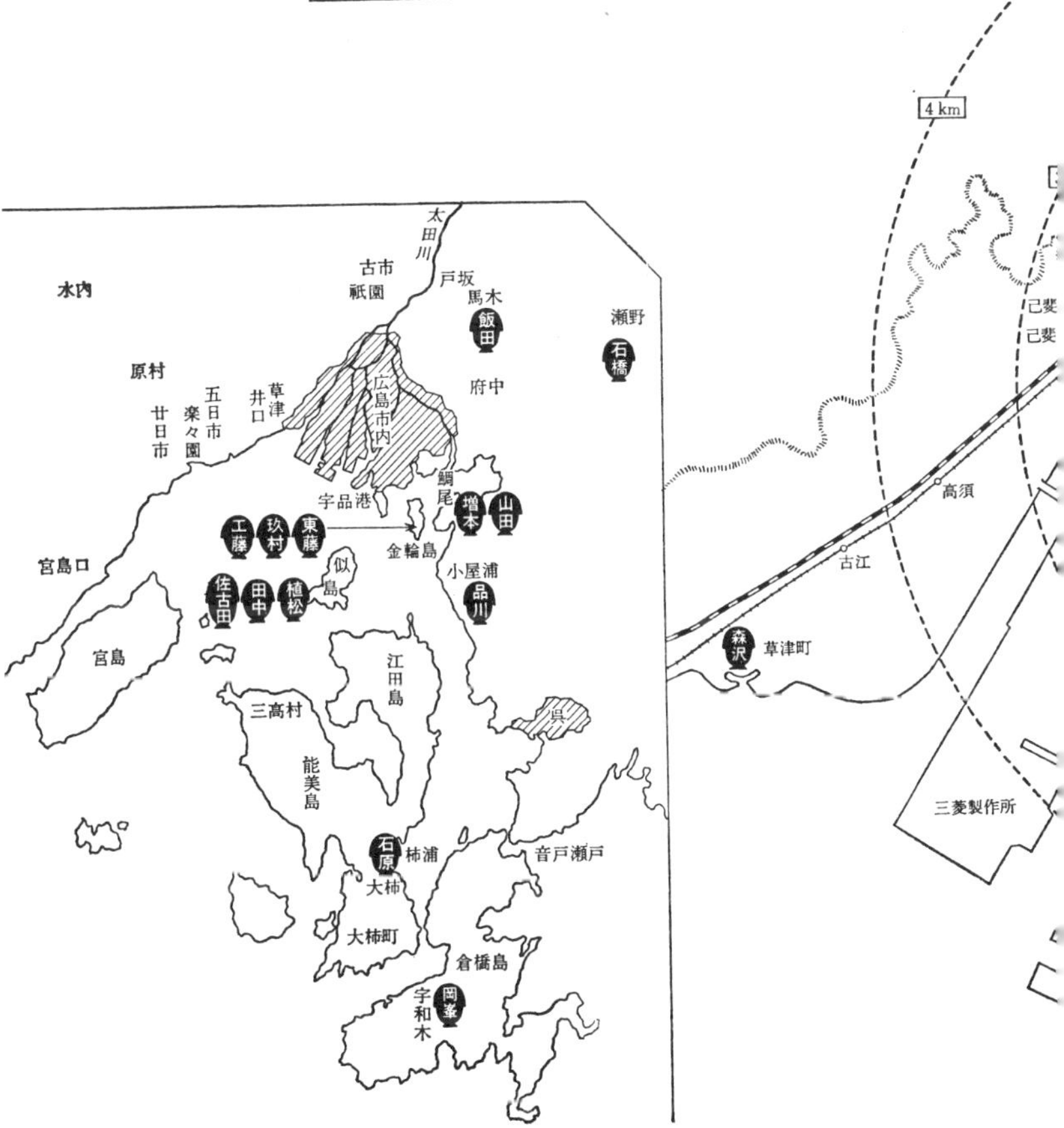

間が瞬時にして抹殺された。この面の記憶とでもいうべき戦場の記憶は、いうまでもなく、原爆という武器の近代における戦争に占める位置と対応している。すべてが戦争に動員される総力戦であるがゆえに、すべての空間が戦場になり、すべての人間は兵士として無差別に攻撃されるのである。原爆はこうした総力戦にもっとも適合した武器として登場したのであり、逆にまた総力戦の産物である匿名化された兵士としての平準化、いいかえれば、死を前にした平等はこうした大量抹殺兵器の使用により、白日のもとに具現化するのである。ある領域内におけるいっさいの人間の死が面に溶解した記憶こそ、こうした原爆の記憶に他ならない。

だが、関はこの面の記憶に、一人ひとりの級友の死の地点を名前とともにとどめようとしている。面に溶解した人間の死に、個人の痕跡をたどろうとしているのである。この面に回収されない痕跡こそ、関がこだわろうとしているもう一つの記憶である。

総力戦が生み出した大量の匿名化された死が、無名戦士の墓として「鬼気せまる国民的想像力」をかきたてるのはいうまでもない。またそれは、総力戦があくまでも国民の動員であるということでもある。E・ユンガーがいうように、「新しい動員はドイツ人の動員でなければならない」のだ。[*12] 安田や関が執着する記憶の個別性や身体性は、こうした面に溶解したナショナルな記憶に回収できない痕跡として、いいかえれば、証言の領域として発見されなければならないのである。

戦場の記憶を体験の特権化に帰着させることなく考察しようとするとき、注目すべきは、それが個別的、具体的事象へ執着している記憶であるにもかかわらず、個人的体験としては存立していないという点である。

なるほど、私たちは、軍隊や、戦場や収容所で、平時には想像もつかぬ「異常な」経験をつんできた。しかし、若しも体験という言葉が、その人の一身上に訪れた単なる閲歴とは違って、何らかの意味で、それを体験したもの自身の内側からの、主体的統制や意味づりが前提されねばならぬものならば、――そしておそらく体験とはそういうものであろう。ただ単に「数奇な」運命を経てきたということだけでは、それはいまだ充分に体験ではないはずだ。――私たちは、処理し切れぬ沢山の問題を、いたずらにかかえこんでいたばかりで、これを体験として意味付け処理するめども立たぬ有様であった。……私たちは、あの軍隊や、戦場や、収容所での生活を、まったくのブランクな時期と認めることによって、その認識の上にのみ、こんにちの現実に新しく生きてゆく方向を決定してきたのである。*13

安田がこう述べるとき、彼の「十糎」へのこだわりが、体験による強烈なリアリティなどではなく、むしろ体験として語りえない「ブランク」（空白）を前提にしていることが看取されなければならない。安田は、自分にしか了解できない体験を主張しているのではないのだ。その戦場の体験こそが、まずもって「空白」なのである。ほとんど解決不可能な「十糎」への問いは、この「空白」とともに提出されているのである。

問題は、この「空白」が何かということである。結論を先取りしていえば、それは、悲惨であるがゆえに語れないのでもなければ、たんに語り得ない何かということでもない。「空白」は記憶喪失でもなければ、証言不可能性ということでもない。重要なのは、さしあたり個別的、身体的なものにみえる「十糎」とあわせて、この「空白」を考察しなければならないということなのだ。

戦場の体験を聞きとる作業をするとき、しばしばその語りが、奇妙な振動をひきおこすことに出会うことがある。[*14] 戦場に落ちていた飯ごう、眼の前で炸裂する砲弾、月の光に照らされたジャングル。こうした話を文字にすれば、きわめて個別具体的で身体的な要素により構成された体験記以外の何物でもない存在として、戦場は描かれることになるだろう。だが、飯ごうのありかを語るとき、語り手は突然空を見つめ、号泣したとしたらどうだろうか。

飯ごうに、悲しみの理由が隠されているとは考えないでおこう。号泣からは、具体的に語れば語るほど、語られた言説からは構成されない意味の領域が浮き上がってくるという語りの不安定さこそ、看取されなければならないのである。饒舌に体験が語られれば語られるほど、その具体的体験が構成する意味連関をいっさい打ち消してしまう領域が背後に迫ってくるのである。この領域こそ安田のいう「空白」であろう。飯ごうのありかを、また「十糎」を語るとき、逆にこうした個別的で身体的な語りを解体してしまう領域が、忽然と顔をだすのである。

戦場の具体的体験を語ることは、「空白」をいかに埋めるのかという作業ではないのだ。語れば語るほど、その言説により構成された意味が崩壊しだす点こそが、「空白」の領域なのである。また同時に重要なのは、「空白」は、「飯ごう」や「十糎」を語るという実践により導かれて、浮かび上がるということである。いいかえれば、それは無前提的に語れない領域として存在しているのではなく、語るという実践においてはじめて措定されていくのである。

さらに、こうした語られた言説と意味する内容が分離しながら往復運動をくりかえす語りの不安定さは、混乱した時間意識を生みだしている。安田の『戦争体験』の終章部分は、一九四六年四月にハルピンで消息を断った徳澄正との「対話」で終わっている。

未来は美しくあらねばならぬ。しかし、未来とは、いつも過去のようであったし、しかも未来とは、突如として、容赦なく遮断される。〈彼〉にとって、いや〈ぼく〉にとっても、未来とは夢まぼろしに過ぎぬ。（中略）ぼくは　ぼく自身は、もう未来とのおつきあいはゴメンを蒙りたい。過去とだけつき合ってゆきたい。新しいものは何もない。あるとすれば、すべて過去にある。未来は、もはや、何も「発見」しないだろう。今更、何が発見されるというか。[*15]

安田はこう述べた後、〈彼〉との「対話」に入っていくのである。バーバなら「遂行的時間」というにちがいないこうした過去と現在を反復する時間意識のなかで、語れば語るほど意味が解体していく不安定な戦場体験の語りは、存在しているのである。こうした見方が、戦場体験に対して広く存在している見解、つまりそれが本人でないとわからない個的な体験だとする見解と、鋭く対立していることはいうまでもない。動かしがたい個的な体験を語っているのではなく、語れば語るほど個的な領域が解体してしまう不安定な発話こそ、戦争体験の語りなのである。

この個人の解体という問題は、アンダーソンのいう記憶における「よそよそしさ」（estrangement）にかかわっている。[*16]アンダーソンがいうように、いくら語っても「よそよそしい」記憶のなかで個的なアイデンティティーを保持するには、思い出すことが必要なのではなく、語られなければならないのである。ここに、ミシュレやルナンの「かわりに語る」発話の位置が登場することになるのは、いうまでもない。そして戦場体験の不安定な語りの領域は、戦死者のかわりに意味を確定しようとする歴史主義的な国民の語りにとって、読解不可能な領域として存在しているといえる。いいかえれば、「十糎」を語る実践とは、こうした証言の領域において、個人を解体していく作業なのである。しかしそれは同時に、この証言の領域が、国民というアイデンティーへの強烈なる批判と再定義という、まさしく政治的領域として定置されているということでもあるのだ。

証言から政治へという展開を描くとき、安田の政治とはなにか。この問題を考えるには、かれが『戦争体験』を出版した一九六〇年代という、「時代」を年頭におかなくてはならないだろう。安田は、基本的には戦場体験を「単なる人格主義的な『悟り』にのみ還元してしまってはならぬ」[*17]としながらも、この時期さかんに主張された「戦争体験の思想化」ということに対しては、距離をおこうとする。さらには左翼を中心とする反戦・平和運動に対して批判的立場をとりつづける。そして次のように述べるのである。

私たちの「政治主義」過剰な発想が、彼らの戦争「体験」を結集して、民族の思想伝統のなかに定着させる道を阻んでいるのではないか。[*18]

戦場から「民族の思想伝統」へ。これは、安田に特有の展開ではない。安田とほぼ同時期に、安田よりも幾分か戦場体験の思想化に積極的だった橋川文三も、戦場体験を「日本人論の一つの基石」としてとらえようとする。[*19] この橋川においても批判の対象はやはり左翼的な普遍主義的歴史観であった。橋川はこうした歴史観に対して戦場の体験を基盤とした「歴史意識」を主張するのである。

たしかに、ナショナルな語りへの回収といってしまえばそれまでだろう。しかし、安田や橋川らの戦後におけるこうした民族への帰結は、逆にいえば左翼的歴史主義の問題でもあったはずだ。そこからは、戦後民主化が政治化できなかった証言の領域というものが、逆に浮かび上がってくるにちがいない。

つねにゲンミツに科学的な立場に立つと確信し且つ公言しているある種の人々の方が、どうやら、いつも夢まぼろしのごとき、無限の未来を無限に確信し、自己の存在の必要性を信じて疑わぬようであるのは、不思議なことである。[*20]

混乱した時間意識のなかで不安定な語りをつづけようとする安田が、「ゲンミツに科学的な立場に立つ」人々を批判するとき、戦後における「均質で空虚な時間」が進歩的な左翼的言説により開始されたことが見据えられている。進歩主義におけるこのような時間こそ、アンダーソンが「想像の共同体」において設定した市民的同時性なのである。そして安田や橋川は、過去と現在が錯綜する「遂行的時間」における語りのなかで見いだした民族を、戦後における「想像の共同体」の内部に再定義しようとしているのである。

3　沖縄戦の記憶

戦場の体験の語りのなかに、戦後の左翼的言説が民族に再定義されていくプロセスを考えるとき、橋川文三が、自らが主張する「歴史意識」について、沖縄に言及している点は注目すべきである。すなわち橋川は、「歴史意識」の「アクテュアル」な「例示」として、霜多正次の次のような文書を引用しているのである。

沖縄でも、もちろん世代によるものの考え方のちがいはある。しかし沖縄では、世代の断絶ということはないし、またありえないと私はおもう。なぜなら、沖縄ではほんどすべての（といってもいい）人が、植民地支配から脱して日本に復帰したいと念願しているからである。つまりそこでは、世代の相違をこえた共通の民族意識、共通の歴史意識が形成される現実の基盤があるからである。*21

ここでは「歴史意識」と「民族意識」が正確に一致している。いったい、戦後と呼ばれた時代における沖縄の位置とは何か。また、沖縄が語られるときの、証言の領域とは何か。

安田や橋川が戦場体験を問題にした六〇年代は、沖縄をめぐる政治過程が、一九七二年五月一五日の「祖国復帰」へむけて、激しく展開していく幕開けでもあった。こうした展開のなかで、左翼の「復帰」運動において、次のような歌が歌われた。

かたき土を破りて、民族のいかりにもゆる島、沖縄よ／我らと我らの祖先が、血と汗をもって、守りそだてた沖縄よ／我らは叫ぶ沖縄よ、我らのものだ沖縄は／沖縄を返せ、沖縄を返せ」（「沖縄を返せ」作詞・全司法福岡高裁支部、作曲・荒木栄）。

日本の戦後意識は、「大東亜」にまで拡張した領土意識を「敗戦」という事件とともに忘却することにより、成立したといえる。かつて領土として支配した場所を一夜にして外国として了解した無節操な領土意識こそ、戦後日本のナショナリズムの出発点だったのだ。しかし「沖縄を返せ」と叫ぶこの歌では、「我らと我らの祖先」をつなぐ共通の歴史が、沖縄という領土とともに思い起こされている。いいかえれば、沖縄という場は戦後日本の領土意識において、あるべき本来の領土を不断によびさます「歴史地図」に他ならないのである。[*22] かかる点において「沖縄を返せ」という領土への主張が、戦後日本のナショナリズムにおいてどれほど大きな意味をもったのかは、改めて思い返されなければならないだろう。

だがここで注視したいのは、このナショナルな語りに、「血」の代償により守れた「沖縄」という戦争のメタファーが歌いこめられていることなのだ。事実、一九七二年の「祖国復帰」が近づくにつれ、沖縄戦にかかわる記憶は、頻繁に語られるようになっていった。乱暴にいえば、戦後の左翼的言説が橋川のいう戦場体験を基盤とした「歴史意識」に再定義されていくプロセスにこそ、「復帰」運動は位置しているのである。

思えばわが国の都道府県で、直接戦場となり、総てを失ったのは、ひとり沖縄県だけでありますす。文字通り国家の防波堤になり、全国民の身代わりになった沖縄県は、尊い十幾万の英霊とともに、一木一草に至るまで国に殉じたのです。あれから二十余年の歳月が流れましたが現在でも我が沖縄県は、アメリカの施政下におかれたままであります。この学徒（ひめゆりの塔や健児の塔にねむる学徒――引用者）たちのためにも、わが国びとは、一日も早く沖縄を日本の行政下に帰さねばならないと思います。[*23]

この金城和彦における沖縄戦の語りは、「祖国復帰」のなかで登場する典型的な語り口だ。ナショナリズムを高らかに歌いあげた「沖縄を返せ」に歌いこまれた「血」の代償は、こうした沖縄戦の語り口と正確に対応しているのである。戦場の記憶というパンドラの箱をあけることにより成立したこのナショナリズムは、まさしく「国に殉じた」死者たちにより構成された領土獲得運動なのである。

沖縄戦は、前線が消滅し、戦闘員非戦闘員の区別が消滅し、あらゆる人々が戦場に放り出された総力戦だった。それは一つには、第三二軍による根こそぎ動員の結果であるが、同時にそれは、米軍艦隊による無差別艦砲射撃が引き起こした匿名化された兵士たちの、死の共同性の結果でもあった。ひめゆりの塔に象徴される「国に殉じた」死者たちという沖縄戦の記憶は、前述した広島における面としての記憶同様に、こうした総力戦にかかわる動員形態とふかく関連している。

さらに、こうした「ひめゆり」に代表される沖縄戦の語りにおいて重要なのは、それが国に殉じた「日本人」をほめたたえる靖国神社であるにもかかわらず、戦後社会の反戦平和というスローガンとして登場しているというところにある。吉田司が『ひめゆり忠臣蔵』で「二面神（ヤヌス）」と称するこの問題にこそ、「ひめゆり」人気の秘密と、靖国神社でなしえなかった戦後日本のナショナリズムの再構築のロジックが隠されている。吉田が鋭く指摘するのは、「犠牲者」という言説である。

私たち本土の日本人が沖縄へ行って、きっとひめゆりの塔を訪れ頭を垂れるのは、沖縄が本土のために散ってくれたからではなく、戦争被害の究極の姿をそこに見るからである。被害の究極とは苦痛ではない。戦争世代にとってそれは己の〃無罪証明〃であり、許しの場であり、甘味で感傷的な、いまは平和の涙を流す場だった。ひめゆりを鎮魂しているのではなく、ひめゆりのイメージの中で自分が鎮魂されているのだ。[*24]

戦後日本のナショナリズムは、戦犯という外部をつくりあげることにより加害者を一部に限定し、天皇もふくめ、おしなべてみずからを戦争犠牲者として演出することによりはじまったのだ。また沖縄の悲劇を、わがことのように悲しむなかで、みずからを犠牲者として立ちあがらせていったのである。そこには、吉田がいうように、みずからが積極的に参加し、アジアの人々を殺したという加害者意識の忘却があるだろう。そしてこの忘却こそ、一度破綻したかのようにみえる戦前のナショナリズムの延命回路でもあった。またそれは吉田が一貫して指弾しているように、戦争を指導し動員しておきながら、戦後は沖縄の悲劇を語る平和主義者として登場する沖縄エリートの連続性でもある。被害者という問題は平和につながり、加害者の忘却は、戦前の大東亜の夢を延命させるのである。

しかし、このアジアを忘却した犠牲者の共同体において重要なのは、アジアという他者の忘却だけではなく、「日本」の内部にあって「日本」に決定されない異質なものが忘却されている点である。たんに、戦争に参加したということを忘却しているのではない。犠牲者の共同体として「日本人」が構成されるということは、前述した証言の領域の忘却に他ならないのである。吉田自身も、この証言の領域を見失っているようだ。たとえばかれは次のように述べている。

考えてみれば、あの時、国内で慰霊塔を作る暇があったら、私達日本人は白骨るいるいのアジアの戦場に国民総出の懺悔旅をやり、アジア慰霊塔をこそ無数に連立せねばならなかったのだ。日本の戦没者などほっとかれて、一番最後にひっそりと供養されねばならぬ代物だった。*[25]

加害者である自覚と責任を主張する吉田の語りに、「私達日本人」という国民創出（総出）の物語が「ひっそり」と顔をだしていることに注意したい。アジアを想起するとは、吉田がいう被害者を加害者にひっくり返すことではない。それはたんに戦争加害者であるという自覚をもつことではなく、そのプロセスで生じた不協和音を想起し、ナショナルな語りに包摂されない異質なものを呼びこむことに他ならないはずだ。

沖縄戦の記憶は、「ひめゆり」のような国に殉ずる被害者のナショナリズムや、吉田のような加害者のナショナリズムとしてのみ語りうるのではない。一九七五年七月、ひめゆりの壕に十数日たてこもりながら、彼女らひめゆりの声を聞いていた知念功は、ひめゆりの塔にきた天皇アキヒト（当時皇太子）へ火炎瓶を投げつけた。知念は、裁判所への意見陳述のなかで、ひめゆりの女子学生から「復讐の依頼を受けた」と記している。

「鬼気せまる国民的想像力」がうごめく無名戦士の墓に埋めこまれた死者たちは、別の語りのなかでもよみがえるのである。ひめゆりの霊魂がいるかどうかが問題なのでは毛頭ない。かわりに語るミシュレのような語りとは異なる発話の可能性、あえていえば新たな分節化の可能性こそ、看取されなければならないのである。

4　虐殺の記憶

前章でもとりあげたように沖縄戦では、多くの住民が日本兵により「スパイ」とみなされ、惨殺された。沖縄戦におけるこの「スパイ」虐殺の記憶は、今日にいたるまで多くの語りを生みだしている。

照屋忠英という沖縄県本部国民学校の校長先生がいた。[*26] かれは、一八九二年、沖縄県本部村字伊豆味に生まれ、一九一一年、沖縄師範学校に入学する。当時の沖縄の出世コースは、県外での成功以外は、学歴を積んで官吏か教師になる以外にあまり存在しなかった。また県外で成功するにしても、学歴は決定的な要因であった。したがって、出世＝教育という考えは当時沖縄においては非常に強い。しかし、そこには教育費という経済的問題が横たわっており、中学の学費がだせる農民層は全体の二割にも満たない。[*27]

この障壁を飛び越える一つの方法として、親が移民に出て学資金を送金することにより、子供が中等教育を受けるというやや変則的な立身出世のパターンが存在した。[*28] かれも、北米に単身移民に出た父親が送る資金により沖縄師範に進んだのである。

照屋忠栄は、一九一四年に沖縄師範を卒業した後、大宜味村喜如嘉尋常高等小学校訓導をかわきりに、一六年羽地村屋我地尋常高等小学校主席訓導、一九年本部尋常高等小学校学校長補佐、二〇年沖縄師範付属小学校訓導、そして一九二四年には三二歳の若さで国頭尋常高等小学校長になる。その後二七年には今帰仁村天底尋常高等小学校長になり、そこに一五年間勤務し、一九四二年には本部国民学校長に就任している。照屋自身は「滅私奉公」の人だったにせよ、かれの経歴は明らかに、立身出世を示している。

さてかれは、学校在任中、とりわけ長きにわたって学校長をつとめた天底時代において、積極的に生活改善を推進していった。その活動例をあげれば、まず衛生問題に関して、当時の同僚の言葉をかりれば、「常々沖縄人の衛生観念の低いことを」なげき、「家屋敷の清掃、整理整頓、トラホーム、カイセン等の皮膚病の根絶」につとめ、研究会、啓蒙活動の他、校長として校区内の飲料水の水質検査、学校衛生婦設置、改良便所設置の奨励などを進めていった。[*29] またこうした生活改善は校区の六字四一部落に対しても、生活基準を作成させ徹底させた。一九三八年にはこうした活動により帝国学校衛生会から表彰されている。

標準語教育に関しては、次のような教え子の証言がある。

ある日、数人の仲間と教室の清掃をしていた。放課後ということでなんとなく気のゆるみがあったのでしょう。何時の間にか話し易い方言で喋り始めた。すると突然先生が現れ雷のような怒声と同時に振り上げた腰掛けを投げつけられた。[*30]

こうした標準語教育の徹底は、児童自治会をつくるとき、かれが「沖縄の人々が、他人の前で堂々と自分の意見を発表できないでぐずぐずしている精神を鍛錬」したいと考えていたことにも通じている。[*31] また沖縄の「因習」の改善にも熱心で、毛遊びやサンシンでの唄いを、夜中杖を持ちながら摘発したりもした。[*32]

こうした照屋忠栄の生活改善に、「日本人」志向を見つけることはたやすい。証言からもうかがえるように、「沖縄人」は「衛生観念」に乏しく、話すのが下手というとき、そこにはいつもめざすべき比較の対象として「日本人」が想定されている。またかれが少年であった時代、沖縄では日露戦後の地方改良運動のなかで風俗改良運動が展開されていた。この風俗改良運動はその後の生活改善につながっていくわけだが、そこでは沖縄語、琉装、入れ墨（ハジチ）がとりあげられている他に、断髪が主張されている。旧琉球士族のなかに日本による「併合」に反対する「頑固党」(中国派)が存在するなかで、断髪は「日本人」化の重要なポイントになっていた。こうした風俗改良運動の当時、小学生だった照屋は、みずからの断髪に際して「ヤマトンチュー」になれたといって大よろこびだったという。[*33] かれは、近代沖縄が一貫して進めてきた生活改善のなかで育っていったのである。

こうした照屋の「日本人＝ヤマト」志向は、天底小学校長時代にかれが、県下で最初に「御真影」や教育勅語を入れる奉安殿を建設したり、二宮尊徳像を建立したりしていることからもうかがえるが、そこには同時に、「沖縄＝郷土」への思いが存在していた。かれが教師としての教育実践において、ことさら重視したのは郷土教育と農村教育だった。雑誌『沖縄教育』(一九二八年一二月)に掲載された「地理科に対する所見」というかれの論文では、沖縄を例にとりながら郷土を材料にした地理教育の必要性を主張しているが、そこには照屋の「沖縄＝郷土」への強い愛着が看取できる。しかもこの場合の郷土とは、「児童が常に見聞きし得る範囲」であり、また郷土の材料とは「日常の生活資料」である。「沖縄＝郷土」への思いは、「見聞きし得る範囲」と結びつき、そしてまた生活改善につながっていくのである。

一九三九年の生活改善運動のさなか、当時の淵上知事は「沖縄文化抹殺論」を主張し、翌年沖縄に来た民芸運動の柳宗悦と「沖縄方言論争」を展開した。淵上は福岡県生まれで、東大法学部を出たのち内務省に入り、一九三八年に沖縄県知事として派遣されてきた内務官僚である。こうした淵上の「沖縄文化抹殺」と照屋の生活改善は、おなじ皇民化＝「日本人」化のなかで生じているとはいえ、厳密に区別しておきたい。照屋の「日本＝ヤマト」志向に看取されるのは、「沖縄＝郷土」への思いと、その思いを実践していく場としての生活の発見なのである。

かれのある知人は、のちに照屋のことを「沖縄を愛した先生、日本を愛した先生」と表現しているが、[*34] 皇民化政策のなかで一見矛盾するように見えるこの二つの側面は、生活という領域では一体のものとして了解されたのである。「沖縄＝郷土」を愛するがゆえに、淵上のように「沖縄文化抹殺」をとなえるのでもなければ、柳宗悦のように「国宝的価値」として「沖縄文化」を擁護するのでもなく、実践の場としての生活へと向かったのである。そして、逆にいえばそれは、個々の実践のなかで「日本人」になるということが、たえず確認されることを意味しているのである。

照屋忠栄のような人物は、けっして特殊な例ではない。前章でも述べたように、沖縄の近代には多くの照屋が存在し、生活改善が実践されていった。だからこそ、その社会的結果を確認しておく必要がある。ただちに指摘できることは、改善への思いがどこにあったにせよ、かれは日常のことこまかな点を監視し、摘発する指導者であったということである。沖縄語を聞きつけると腰掛けを投げつけ、夜は杖を持ってサンシンの響きを監視するのである。沖縄語を語る人間を「道徳的犯罪者」として密告しあい、はだしを「不潔」として条例でもってとりしまり、ユタを「因習」の象徴として大量検挙することにみられる沖縄社会の相互監視体制は、多くの照屋忠栄により形成され維持されたのである。

しかも前章で示したように、監視は指導者自身にも及ぶ。当時、生活改善の指導者は、「道徳的犯罪者」を監視する道徳的指導者として、生活改善という道徳を体現する模範をみずから示さなければならなかったのである。人々がお互いを、そして自身を監視するという自己規律化こそ、生活改善の社会的結果に他ならない。

いま一つ、照屋にみられた郷土への思いと「日本人」志向の一体化にかかわって、指摘しなければならないことがある。それは一九三〇年代後半から、生活という領域を媒介しないで両者が一体になる回路が形成されてきたという点である。すなわち、「南方」への進出にともなう「南洋の指導者＝沖縄」という言説の登場である。前にも述べたように沖縄において皇民化が、いっそう深化したと一般にいわれる一九三〇年代後半から一九四〇年代にかけての時期に、沖縄文化連盟を中心として琉球文化再評価が叫ばれた。そこでは、安里延の『沖縄海洋発展史』にもっとも顕著に看取されるように[*35]、「海洋民族」である「沖縄人」の伝統が高く評価され、「南洋」の指導者としての伝統が「創造」された。

この新たな言説は、生活改善にとってかわるというわけではなく、むしろよりいっそう強化する形で作用していく。「日本人」そして「南洋の指導者=沖縄人」になるために、よりいっそう生活を改善しなければならないというわけである。沖縄の人々をとらえた「日本人」になるというプロセスに、「南洋」という他者が登場してきたことに再度注意したい。

最後に、生活改善がつくりあげた規律の行方について、ふれておかなければならない。日本のアジアへの侵略が本格化するなかで、照屋の仕事は女子勤労奉仕隊の組織化、海軍志願者の勧誘、説得という戦争動員という様相を帯びていった。また行政機構が沖縄に駐留する第三二軍に移行し、まさしく戦場行政が敷かれるなかで、教員、官吏などこれまで生活改善を担っていた指導者たちも、次第に近づく戦場動員へ向けて、義勇隊、防衛隊といった住民の戦力化を進めていった。照屋が天底小学校の後に校長として赴任していた本部にも、宇土大佐率いる宇土部隊が駐留した。その時の食料、労働力の供給にかかわる照屋氏の協力ぶりは大変なものだったという。

生活改善を担った道徳的指導者は戦場動員の指導者に、生活改善が生み出した規律は軍律へと転撤していった。そして内部の他者である「道徳的犯罪者」には、別の名前が与えられていった。それは「スパイ」である。前章でも指摘したように、沖縄戦において日本兵は「スパイ」の名のもとに、多くの住民を惨殺した。戦場を支配するのは言葉をこえた暴力があり、したがって、さしあたり「スパイ」という言説も、暴力行使の際に日本軍が押しつけた口上でしかない。しかし同時に、「スパイ」は戦場におけるたんなる口上だけではなく、平時における「道徳的犯罪者」に竿をおろしている。平時の「不審者」が「スパイ」に読みかえられていったのである。

生活改善を推進し、日本軍に熱心に協力した照屋忠英は、沖縄戦のさなか日本兵により「スパイ」として惨殺された。照屋惨殺の報は、戦場にすばやく広がっていった。驚き、怒り、恐怖がいりみだれるなかで、あるものは全身をケイレンさせながらこう叫んだ。「こうなったら私も命は惜しくない、なにが友軍だ、米軍よりも悪い奴らだ[*36]」。

かれの死は、確実に日本軍の軍律からの離反を住民に促していった。そこには恐怖にかられた逃亡だけではなく、怒りに満ちた反軍の意志が存在した。前にも述べたようにかかる怒りは、明らかに照屋が日本軍の熱心な協力者であったことから醸成される、裏切られた怒りである。こうした、協力をしてきたがゆえの裏切りに対する激しい怒りは、沖縄戦の戦場においてかなり広範にみられるものであり、さまざまな反軍運動をつくりあげた。

だが本章で問題にしたいのは、こうした沖縄戦にいたるプロセスとその破綻ではない。一貫して「日本人」であろうとした人間が他者（＝敵）として殺されたというこの死が、その後に、いかに想起されたのかということである。

沖縄戦という戦場には、「日本人」としての死への動員と「スパイ」（＝敵）としての虐殺という二つの決定的に分割された死が存在した。しかしこの二つの死は、一方が「殉国美談」として、他方が「抑圧者＝日本人」による「被抑圧者＝沖縄人」の虐殺として別々に語られるべきではないだろう。凝視すべきは、はじめから国民でありつづけ、最後に祖国のために死んだのでもなければ、はじめから他者でありつづけ最後に敵として殺されたのでもないかれの死が、いかに想起されうるのか、という点である。

くりかえすが戦場での死とその記憶は、いうまでもなくナショナリズムの恐るべき源泉である。そこには、「鬼気せまる国民的想像力」が満ちており、あえて「国民的帰属を明示する必要をまったく感じ」ないのである。しかしそうであるがゆえに、二つの死に切り裂かれていった主体の残余の部分こそが問題なのである。この残余こそ、沖縄戦の記憶を想起するとき、ナショナリズムに不協和音をもちこむ雑音源であり、逆にナショナリズムとはこの残余の忘却と回収でもある。こうした残余の忘却と回収は、けっして照屋だけの問題ではない。問題は、真の国民になりきれない人間が、あるいは逆に敵になりきれない人間が、戦場における二つの死に切り裂かれたときに残る、回収されない領域の行方である。

5　記憶の分節化

「日本人」として動員されながら、他者（＝敵）として殺された沖縄戦の記憶は、「祖国復帰」が政治日程として近づくにつれ、想起され、語られるようになった。以下、一九七一年に発行された証言集（沖縄県労働組合協議会編『日本軍を告発する』一九七二年）をとりあげてみよう。この証言集に所収されている「スパイ」虐殺にかかわる約百名もの語りは、当然のことながら多様である。しかしその一方で、いくつかの語りの秩序というものが存在している。こうした語りの秩序は、想起という作業が去ろうとしない過去の記憶を基盤にしていると同時に、一九七二年にいたる当該期の政治過程を反映していると考えられる。

まず、どの語りにも殺害を実行した日本兵に対する激しい憎悪が存在している。姉家族が「スパイ」として殺された当時水産試験場に勤務していた人の語りをみよう。

その当初は、日本中を捜し回ってでも、姉一家のかたきを叩き殺してやろうとさえ思った。しかし、いまは落ちついた。私がどうさわいでも、七人が戻ってくるわけでもない。／私は、この紙面をかりて、かつての加害者にひとこと訴えたい。／私の姉一家を殺した日本兵のみなさん！　生きておられるなら、せめて線香の一本もあげてくださいませんか。ふびんな姉に代わってお願いいたします。

ここでは、憎悪は虐殺の実行者に限定されているが、妹の主人が「スパイ」として殺され、その直後妹も自殺した人の次の語りは、日本軍全体に拡大されている。

私の妹夫婦は米軍に殺されたのではない。同胞であり、友軍だと信じていた日本軍に殺されたのである。これを単に戦争の責任に帰せしめることはできない。日本兵を恨むなという方が無理というものだろう。二度とこのような悲惨な経験はしたくない。沖縄が復帰すると、また自衛隊という軍隊が沖縄にやってくるという。もういやだ。

この語りにおいては、「恨み」は「友軍」である「日本兵」全体に及んでおり、しかもその

「恨み」は、「復帰」とともにやってくる「自衛隊」へと向かっている。こうした沖縄戦の記憶の想起が「日本兵」への憎悪を醸成し、それが「自衛隊」へと向かうという語りは、この時期の特徴といってよい。それはまた、政治過程における「核も基地もない平和な沖縄県」という反戦復帰の運動方針と共鳴しあっているのである。

ところで、この時期多数刊行された沖縄戦の「戦記もの」からは、日本兵の投降を目撃した際に、「ホッとした」という安堵感だけではなく、多くの場合「だまされた」という怒りを醸成していることがうかがえる。そこには、これまでつき従い、ともに闘ってきたということが前提になっているのである。同様に、「スパイ」虐殺ということにかかわる「日本兵」への憎悪の記憶にも、こうしたともに闘ってきたのに「だまされた」という怒りが存在している。こうした「日本兵」への憎悪は、単純に反戦や反軍に結びつくわけではない。

沖縄の犠牲を考えると、日本の兵士で無傷で生き残った人には憤りを感ぜざるをえない。ほんとうに真剣に闘っていたら、決して生きてはいられなかったと思うのである。私は日本の兵隊が死ぬところに何回か遭遇したが「天皇陛下万歳！」ということばは、一度も聞かなかった。みな家族の名前を呼びながら死んでいった。当たりまえのことながら、彼らとて同じ人間だったのである。しかし、逆にいえば彼らこそ「皇国日本」の教育を、もっとも身につけていたはずではなかったのか。苦しくなると自力で打開せず、住民にホコ先を向けながら自らの安楽を求めていった日本兵の所業を、私は一生忘れられない。

沖縄県人はこの最前線の地で、純粋に自らの祖国を守るのだという決心で命を投げうって戦っていたのに、戦争末期には、軍自らがそういう形で（「スパイ」虐殺――引用者）県民の忠誠心を裏切っていったのだ。

注目すべきは、虐殺事件がまさしくルナンのいう「同胞殺し」として思い起こされているという点である。日本兵への恨みが「同胞殺し」のなかに閉じられれば閉じられるほど、祖国のために死んだという記憶が刻印されていくのである。虐殺の記憶に共通しているのは、この「同胞殺し」に他ならない。結局のところ、反戦とナショナリズムの合体のなかで、いいかえれば、まさしく反戦復帰の旗のもとで、虐殺は語られたのである。新川明が、「祖国復帰」を『基地つきか基地撤去か』ということだけに沖縄問題を矮小化して『よりよき返還』を競い合うナショナリズムの競合」だと指摘するのは正鵠を射ている。[*37] しかし、さらにつけ加えるべきは、このナショナリズムが「祖国のために死ぬ」という死の共同体であったという点であろう。前述した橋川文三がみずからの歴史意識として主張する「復帰」運動は、たしかに戦後ナショナリズムを新たに分節化し、再定義したのである。

「同胞」。そうだのだ。敵（スパイ）＝他者として殺された死者たちさえも「同胞」として分類し、その死を「我々自身のもの」として記憶し、また忘れていくプロセスこそ、ルナンが「国民とはなにか」で主張したことに他ならない。死者自身のかわりに、観察し、分類する死者の人種分類が虐殺の記憶をおおいつくすなかで、「鬼気せまる国民的想像力」が満ち溢れてくるのである。そしてわれわれは、こうした人種分類に分類されない、不確かな証言の領域へと向かわなければならない。

「われわれ日本人が琉球土人のために犬死する必要があるのか」大きな声だった（日本兵の発言――引用者）／口には出さなかったが、〈日本人は鬼だ〉自分が日本人であることも忘れて、私はそう思った。

悪夢のような夜のことは、いつまでも忘れられません。いまは、レスリングやボクシングをテレビでみることもありますが、そのときは日本人を応援しています。しかし、こと戦争のことになったら、私は徹底的に日本人を憎みます。

「スパイ」虐殺を目撃したこの二人の語りは、憎悪の対象を「日本人」にむける。それは、一つには「琉球土人」だから「スパイ」であるとした日本兵と対になっている。しかし問題は「日本人であることを忘れ」た記憶の行方である。

先に述べた沖縄戦の記憶とは違い、おしなべて「復帰」になだれこんでいった政治過程のなかで、「日本人であることを忘れ」た記憶は政治化する場をもたなかった。政治過程は沖縄戦の記憶を想起する人々の語りを無制限に反映するものでもなければ、逆に過去の語りを自由に捏造できるわけでもない。個的な記憶が運動という集合行為につながるには、政治的ヘゲモニーという戦略性を帯びた社会化の過程を経なければならず、こうした過程で「日本兵」への憎悪という記憶は、反戦復帰という政治主体のヘゲモニーに、また祖国のために死ぬという強烈なナショナリズムに結びつき、その一方で「日本人であることを忘れ」た記憶は、政治主体にとっては語られない記憶として放置されたのである。「復帰」を起点にして、沖縄戦の記憶は切り縮められていったのである。

ところで「スパイ」虐殺をめぐって、次のようなひめゆり部隊のひめゆりの語りがある。

当時の日本の兵隊さんたちも含めて、いま私は本土の人たちを恨む気持ちはない。強いていうなら、戦争という極限状態が人間の常識を奪い去ったとしかいいようがない……。考えてみれば、沖縄はあまりに大きく、尊い犠牲を強いられた。しかし最初にもいったように、私は本土の人たちを恨む気持ちは少しもない。ただ沖縄の宿命を思うとき、本土の人たちが、もう少し自分のこととして考えてくれたら……と思うばかりである。

「戦争という極限状態」といった、人間が人間でなくなる戦場の表象が使われているところに注意しておきたい。こうした戦場の表象により、日常の陳腐な情景と戦場は切断されたのである。それは忘却と沈黙のはじまりである。

6 沈黙

前述した照屋忠栄の死は、長い間語られることはなかったが、「復帰」を前にした「沖縄戦記もの」のなかで浮上し、一九七七年には「顕彰碑」が建立され、翌年一九七八年には『鎮魂譜』(照屋忠栄遺徳顕彰碑期成会編、一九七八年)という文集が発行されている。「復帰」以降、「スパイ」虐殺は次第に語られなくなった。*38 こうしたなかで発行されたこの文集に所収されている彼の同僚、教え子、友人、親族ら六七名の、照屋忠栄「スパイ」虐殺についての語りを、次にとりあげる。

同文集の語りには、先の語りと同様、虐殺を実行した日本兵への激しい憎悪が看取される。しかし同時に、次の同僚の語りでもわかるように照屋の死が戦場でのみ引き起こされる「異常」事態であるという認識が数多く散見できる。

照屋先生はそのお名前のとおり尽忠報国の精神を内に蔵する逸材でありました。今次大戦中も多くの意図を有ち、皇国の弥栄を信じながら一兵士の短慮な誤解（強調――引用者）によって思いもよらぬ不運の最期を遂げられ、我らの無念や公憤は筆舌に尽くせるものではありません。

他にも「発狂した日本兵」という表現がなされている。かれの死は、「異常」な事態における「誤解」であり、あるいは「発狂」した日本兵のなせるわざだといういいかたで戦場の「異常」さを強調するこうした語りは、結果的に「日本人」化を指導し、みずからもそれを実践したという「尽忠報国」の教師としての照屋像を宣揚することになっている。いいかえれば、憎悪の記憶を戦場という日常とは不連続な領域に封じ込めることにより、ナショナリストとしての照屋像を組み立て、保存しようとしているのだ。

こうした「戦場＝異常」という認識は、あえていえば、平和運動も含めた戦後における戦争の語り一般に共通するものであり、それは戦争の惨たらしさを主張するものではあるが、同時に戦場の記憶を封じ込める働きをしているのである。逆にいえば、「戦後」社会とはこの記憶の封じ込めのなかから見いだされた社会ではなかったか。

しかし「スパイ」として虐殺された憎悪の記憶は、完全には封じ込められない。これが、次の同僚の語りにみるように、名誉回復要求というある種の政治的主張となって登場する。

無念の涙をのんで、はらわたが煮えくりかえるような思いを耐え忍んで来た三十余年、どんなにか長い年月であったであろうと、察するに余りあるものがある。出来たら自分の胸を割ってみせたいという心の叫びは皆の心に通じ……／教育を通して、昔風に言えば尽忠報国の精神の横溢した人であり、子弟の教育のために一生を捧げてエネルギーのすべてを燃えつくした人であったと言いたい。その真実一路の美しく尊い精神を無惨にもふみにじったことは、たとえ戦争の異常の中に起こった誤解にしろ、人命無視の無謀な蛮的行為として許すことが出来ない。追悼記念事業の一貫として、これからも責任の追及を続けていく必要がある。／先生の頌徳碑を建てる計画がすすめられた趣旨は、先生が粉骨砕身生涯を教育に捧げた尊い精神と数々の功績をたたえることと自分の意志とは全くちがう非業の死を遂げた無念の涙を払いのけて、先生の輝かしい名誉を堂々と回復させることであった。

「異常」事態であり「誤解」ではあるが、それだけでは納得できないという想いが、名誉回復要求につながっている。こうした展開はほかにも、補償要求や叙勲要求というかたちをとってあらわれている。しかし考えてみれば、補償を要求する主張にしても、沖縄戦に限らず戦争責任を主張するときに登場するお決まりの言説である。そういう意味ではやはり、「復帰」後、沖縄戦の記憶は一般的な「戦後」的な戦争の語りや、戦争責任問題のなかにとけ込んでいったということができるのではないか。そして結局のところ、ナショナリストとして誠実に生きた照屋像が保存されることになった。

総じて、このような記憶の封じ込めと歴史像の保存が語りの秩序を形成するなかで、かれの長女の語りは混乱し、私怨へと押し込められているように見える。

当時、忠君愛国の精神に徹していた父が、スパイの嫌疑をうけるなんて……。そんな事がある筈がない。とても考えられないことだ。／もしそれが事実なら、それは何か大きな誤解から起こったことにちがいない。／今となっては、どんな誤解の下にこんなむごいことが行われたのか、それを解明することは、およそ不可能に近いことかも知れない。／しかし、何らかの形でこの誤解を解かない限りは、父の霊は浮かばれない。愛国の精神に徹し、三十余年の間、教育の道一筋に生きてきた父の生涯は、いったい何だったのだろうか。……もし、どこかに父の最後の様子を知っている人がいるならば、たとえどのような最後であったにしろ、ぜひ、その人の口からくわしい事情を聞かせてほしい。／どこの誰か……、そんな恨みがましいことは今更言う気はない。ただ真実を聞かせてほしい。それだけである。子として親の最後を確認し、その霊を慰め、心からその成仏を祈る。／ただそれだけである。

「異常」事態からくる「誤解」といわれても、また補償という名誉回復がなされようとも、納得できない想いがここにはある。その想いがあるかぎり、ナショナリストとして生きた照屋像を想起することはできないのだ。「戦後」的な語りが沖縄戦の記憶を支配するなかで、彼女の語りは混乱し、私的な想いに押し込まれているようだ。頑として納得できず、納得できないがゆえに、父を思い出すこともできない。同じくかれの弟も、「無念の死に至った兄をしのび、過去の思い出を細かく想起すると、気がめいって、むねがしめつけられ、上気して気が狂いそうになるのである」と語っている。

父の死の直前まで行動を共にした三女の語りには、ナショナリストとしての父の姿は登場しない。彼女は、「私が悲嘆にくれると、まわりの人達がなお困る事になるので、惨い戦争の事はできるだけ思い出さないように努力した。そして、つとめて幼い頃の平和で楽しかった事を思い浮かべては懐かしんだ」という。

忘れようとして、忘れられるものではない。そこには、忘却ではなく沈黙という言葉こそふさわしい。沈黙した彼女が語る父との生活においては、生活改善や動員にかかわった照屋は登場しない。そのかわりに「幼い頃の平和で楽しかった」生活が、アルバムの写真のように紡ぎだされている。ノスタルジアといってしまえばそれまでだが、そこには、安易な発話を拒否する沈黙がある。そして、死を凝視しながら沈黙した彼女は、美しい過去の生活を発見したのである。それはまた、望むべき未来のようにも見える。

そんな彼女の描く生活において、父照屋忠栄が沖縄戦突入の直前に蓄音機でレコードをかけてくれた描写がある。「聴きながら父はこんな事をおっしゃっていた。『今は、音楽といえば軍歌だけだがほんとうは、この音楽がすばらしいんだよ毬了。よく聴いておこうね』といってボリュームをうんと小さくして、外の気配をはばかりながら聴いた」。この蓄音機は、その後二度と音楽を奏でることはなかった。

先にも述べたように、照屋の死は長い間語られることはなかった。その死から三〇年余りたって、彼はナショナリストして想起され宣揚されたのである。それはまた補償を求め、名誉回復を求める政治的主張と合わさっていた。しかし一方でそれは、かれが「スパイ」として虐殺されたという戦場の記憶を戦場に封じ込め、想起することを禁じ、忘却を強いる。こうした動きのなかで、忘却できない記憶はみずからを封印し、沈黙していったのである。

それにしてもなぜ戦場の記憶は、ナショナルな語りにとって、決定的な源泉であると同時に封印され忘却されなければならないのだろうか。たしかに、ナショナリズムは過去を発明しなければならない。しかし、前述したように「絶滅戦争」の「忘却」こそ「国民創造の本質的因子」なのだ。いいかえればそれは、戦場の記憶が、ナショナルな語りにとってたえず残余を生みださざるをえないということなのであり、戦場とはけっして言説により準備されたものではなく、ある種の飛躍を必要としているのである。

その飛躍には、暴力という問題が横たわっている。想像された国民の境界がもつ「内的国境」(フィヒテ)というアンビバレントなアイデンティティーは、戦場においては暴力的に決定される。切り裂かれ分割された二つの死が示す、乗り越えがたい境界とは、暴力以外の言語をもたない戦場という空間が決定した国民の境界に他ならない。そうであるがゆえに、戦場とは、事後的にしか想起することができないのである。

沖縄戦の記憶は、ただ思い出として想起されたのではない。いままでみてきたように、それは「祖国復帰」を一つの節目として展開した政治的ヘゲモニーのなかで想起され、語られた。ヘゲモニーの構築には言説空間を編み直す作業が不可欠なのであり、その作業は過去の記憶の想起という領域において進行するのである。また逆に、想起という過去の記憶の言説空間への反逆は、新たなヘゲモニーの可能性を生み出すことだろう。こうした意味において、想起するということは新たな「分節化」を引き起こす政治的な営みなのである。

注意すべきは、残余の記憶の想起は、抑圧されていた文化や民族が立ち上がるということではないということである。「自分が日本人であることを忘れ」てしまう残余の記憶に、「沖縄人」ということばが付与されたからといって、それを文化論的に語ったり、民族として類型化できるものではないのだ。ここにファノンが「国民文化」を「努力の総体」といいきった理由がある。

政治的ヘゲモニーの展開は、政治過程における諸潮流を形成した。しかし想起において重要なのは、政治的ヘゲモニーの展開のなかで沖縄戦の記憶がどのような言説空間で語られ、また沈黙させられていったのかということだった。結局のところ、諸潮流が対抗しているように見える政治状況とは裏腹に、沖縄戦の記憶はナショナルな語りのなかで想起されていき、その残余は切り縮められ、混乱し、沈黙していったのである。「自分が日本人であることを忘れ」てしまうような沖縄戦の記憶は、ナショナルな語りの成立のなかで封印されていったのである。このような残余の記憶の封印こそ、政治的な営みの問題として再発見されなければならない。この封印された沈黙が破られるとき、知念功や日の丸を焼き捨てた知花昌一が聞いたであろう死者たちの声は、新たな語りとともによみがえるのである。

註

＊1——B. Anderson, *Imagined Communities*, Verso, 1991 (revised edition), pp. 9-10. 訳語は、第一版の日本語訳（白石隆・白石さや訳『想像の共同体』リブロポート、一九八七年）にしたがった。

＊2——*Ibid.*, p. 198.

＊3——*Ibid.*, p. 198.

＊4——*E. Renan, Qu'est-ce qu' une nation?*, Calmann-Levy, 1887.（鵜飼哲訳「国民とは何か？」『批評空間』第九号、一九九三年）四〇頁。

＊5——B. Anderson, *op. cit.*, pp. 199-203.

＊6——酒井直樹「文化的差異の分析論と日本という内部性」『状況』（一九九二年一二月）。

＊7——E. Laclau and C. Mouffe, *Hegemony and Socialist Strategy: towards a radical democratic politics*, Verso, 1985.（山崎カヲル・石澤武訳『ポスト・マルクス主義と政治——根源的民主主義のために』（大村書店、一九九二年）。

＊8——F. Fanon, *Les Demnes de la Terre*, Francois-Maspero, 1961.（鈴木道彦・浦野衣子訳『地に呪われたる者』みすず書房、一九六九年）一一七〜一四二頁。

*9——Homi K. Bhabha, *The Location of Culture*, Routledge, 1994, pp. 152-153.（本橋哲也他訳『文化の場所——ポストコロニアリズムの位相』法政大学出版局、二〇〇五年）。

*10——安田武『戦争体験——一九七〇年への遺言』（未来社、一九六三年）九頁。

*11——橋川文三『歴史と体験——近代日本精神史覚書』（春秋社、一九六四年）二四二頁。

*12——E・ユンガー、田尻三千夫訳「総動員」『現代思想』（一九八一年一月）一七四頁。

*13——安田『前掲書』二六〜二七頁。

*14——同じ問題を、「語りの危うさ」と述べたことがある。冨山一郎「記憶の政治学」日本アジア・アフリカ作家会議『aala』（九五号、一九九四年）八頁。

*15——安田『前掲書』二三四頁。

*16——B. Anderson, *op. cit.*, p. 204.

*17——安田『前掲書』三〇頁。

*18——同、一三八頁。

*19——橋川『前掲書』二九三頁。

*20——安田『前掲書』二三四頁。

*21——橋川『前掲書』二二二頁。霜多のもとの出典は、霜多正次「沖縄と民族意識の問題」『文学』（一九五九年八月）。

*22——「歴史地図（historical maps）」については、アンダーソンを参照。B. Anderson, *op. cit.*, pp. 174-175.

*23——金城和彦『愛と鮮血の記録——沖縄学徒隊の最後』（全貌社、一九六六年）三六六頁。

*24——吉田司『ひめゆり忠臣蔵』（太田出版、一九九三年）一四六頁。

*25——同、一一六頁。

*26——以下の照屋氏の生活史は、彼の回想記である『鎮魂譜』(照屋忠英遺徳顕彰碑期成会編、一九七八年)所収の証言等から構成したものである。

*27——冨山一郎『近代日本社会と「沖縄人」』(日本経済評論社、一九九〇年)二二〇～二二一頁、参照。

*28——たとえば『知事事務引継書類』所収の沖縄県警察部特別高等警察課による「事務引継書類」では、戦争勃発にかかわる移民の送金途絶による学業中止が問題とされている。沖縄史料編集所『沖縄県史料 近代一』(一九七八年)六一一頁。

*29——『鎮魂譜』八三～八四頁。

*30——同、一三九頁。

*31——同、八〇頁。

*32——同、一五六頁。

*33——同、一七一頁。

*34——同、一〇〇～一〇一頁。

*35——同書ははじめ『沖縄海洋発展史』という書名で一九四一年に出版されたが、後に『日本南方発達史』に改められた。

*36——『鎮魂譜』一五七頁。

*37——新川明「『非国民』の思想と論理」谷川健一編『沖縄の思想』(木耳社、一九七〇年)。後に『沖縄文学全集 一八巻』(国書刊行会、一九九二年)所収、『全集』七六頁。

*38——沖縄県『沖縄県史 一〇』(一九七五年)一一〇頁、参照。

Ⅳ　記憶の政治学

想起（remembering）とは決して内省や回顧といった穏やかな営みではない。そうではなく、それは現在という時代に刻みこまれた精神的外傷を意味化するために寸断された過去を再び呼び起こし（re-membering）、構築するという痛みを伴う作業であるはずだ。（ホミ・K・バーバ[*1]）

1　戦場から日常へ

再度、ハルビンを訪れたときの話をしたいと思う。ホテルの前にあったロシア料理店の親父は、私が食事をしている横で「きよつけ」「おはようございます」「まんしゅう」「みし（めし）」という単語のみを何度もくりかえした。私は、当初ごまかし笑いを浮かべながらあいづらをうつのだが、執拗なかれの発語の前に次第に体を堅くし、ただ黙って座っているだけになる。するとかれも発話を停止していき、最後には二人の間にはただ沈黙だけが残るのである。かれは、毎晩やってくる私に、まるで洗礼の儀式のようにこの発話と沈黙をくりかえした。

ハルビンを訪れた者には、二種類の日本語が待ち受けている。一つは、旅行社で聞く流暢な日本語であり、いま一つはこのロシア料理店の親父の日本語だ。両者とも日本語を発するという意味では同じ実践ではあるが、親父の日本語が、まさしく日本の植民地主義のなかで構築された実践であるのに対して、旅行社の日本語は、強力なジャパンマネーをもった観光客が集まる観光都市としてのハルビンの状況が生み出した実践である。
旅行ガイドに描かれた「雪と氷」、「北国」、「カラフル」、「エキゾチック」などのイメージを求めて観光客はハルビンを訪れ、旅行社はまたそれを演出するという関係は、この流暢な日本語により今後ますます構築されていくにちがいない。ジャパンマネーが落ちるところで日本語が通じるのはあたりまえなのだ。またこうしたツーリズムにかかわって展開する他者の表象は、人類学者である太田好信がいうように、たんにイメージを一方的に押しつけられていくのではなく、そのイメージを受け入れながらずらし、新たな文化創造を導こうとする文化の「流用」という戦略の場でもある。[*2]
そしていま問題にしたいのは、この観光都市ハルビンで旅行社と観光客の間でかわされる日本語に交じって侵入してくる、植民地主義に構築された親父の日本語なのである。今日世界中で展開しているであろう、文化の表象をめぐるせめぎあいのなかで、植民地主義の記憶とはいったいいかなる形で思い起こされるのであろうか。あえていえば、ポストコロニアルな状況のなかでコロニアルな記憶を想起することとは、いかなる営みなのか。
親父の日本語は、文章としては意味をなしていないばかりではなく、単語自身が辞書的な意味を明示しているわけでもない。親父の日本語において意味をなすのは、「めし」というあまりにも陳腐な言葉の単語としての意味ではなく、それが植民地主義の記憶として語られている点にある。問題なのは単語の言語的意味ではなく日本語の発話という実践なのだ。「めし」という具体的な対象に何かしらの記憶が隠されているのではない。「めし」と発話する実践が、流暢な日本語の発話のなかに過去の記憶を呼び寄せるのである。

親父のこの不意の侵入により、観光都市ハルビンでくりひろげられている日本語が、言葉の意味でとしてではなく、発話するという実践において戦場につながっていることが示されることになる。ごくあたりまえな日常的な実践が関東軍の蛮行や七三一部隊につながっているということを、ふたたび日本語を発話するという実践において想起するのである。

さらに、日常的な実践に戦場を想起させるこうした親父の介入は、さしあたりその実践により支えられる身体構成を破綻させていく作用をもつことだろう。実践は停止され、その実践により支えられてきた状況は解体しはじめるのである。親父の介入の結果、親父も私も沈黙し、二人の間には観光という文脈では分節化できない空間が広がっていったのである。この沈黙は、偶然に引き起こされたのではない。親父は明らかに私にしかけてきたのだ。あえていえば政治的に介入してきたのである。

陳腐な日常に突然侵入し、戦場をもちこむということに関しては、『ゆきゆきて神軍』（原一男・疾走プロダクション）における奥崎謙三も同様である。このドキュメンタリー映画が観た者を震撼させるのは、執拗で暴力的な奥崎の追及でもなければ、人肉を食べたという暴かれた戦場の真実にあるのでもない。恐ろしくまた不気味なのは、かれの変貌である。

奥崎謙三はまず接近してくる。そのときかれは、かつての部下として、ともに戦場をさまよった戦友として、かつての上官を訪ねるのである。かつての帝国陸軍内部での上下関係や人間関係は、戦友という間柄において戦後にもそのまま生きつづいているのである。だからこそかれを迎える上官たちは、ごく自然に、あえていえば体にしみついた身ぶりとして、奥崎に対応しようとするのである。そして、奥崎とかつて上官の間に文字どおり戦友と呼ぶにふさわしい語りや実践がくりひろげられていったとき、いいかえればそれほど奥崎が接近したとき、彼は突如変貌する。奥崎の不意の訪問を受けた元軍曹が、「一時から公民館で行事もやらにゃいかんし……」と言って立ち去ろうとした瞬間、奥崎はかれにつかみかかるのである。

私はね、ご主人さん、あのう独立工兵三六連隊のね、一員なわけですね。だから訪ねてきたらね、挨拶したらどうだ、貴様、こい、こちらへ、何ぬかしやがる、こい、貴様、何故そういう態度を……。[*3]

こうして奥崎は、戦場における出来事をめぐって、やにわに相手を詰問しだすのである。奥崎が上官ととり結ぼうとしている関係は、いわゆる戦友のそれではない。戦友という関係が浮かび上がってきたその瞬間、かれはそれを戦場にひきこんでいき、戦場において再度その関係をつくり直そうとするのである。こうした奥崎の変貌を前にして当然ながら相手は、「前もって名乗るのなら名乗るで、順序を踏んで」と言いながら日常へ回帰しようとする。しかし奥崎の追及は執拗だ。奥崎は、自分がまだ戦場にいるということ、そして相手もそうすべきだということをあくまでも突きつけるのである。

この映画をめぐっては、奥先のあまりにも暴力的な態度が批判された。だが、重要なのは、暴力という一般的な問題の是非ではなく、この映画でたびたび描かれている奥崎と奥崎の訪問を受けた者とのもみ合いが、戦後の日常的な営みと、それを戦場にひきいれ、もう一度戦場において組み立て直そうとする奥崎の戦略との間で引き起こされたものだという点である。いいかえれば、奥崎はたんに暴力的な糾弾をしているのではない。かれは戦友という間柄を、そのまま戦場にもう一度ひきこもうとしているのである。かつての戦友をもう一度演じることにより接近し、次に戦友を戦場にひきこみ、震撼させ、解体し、再構成するのである。

ハルビンの親父にしても奥崎にしても、戦後社会のなかでごくあたりまえの陳腐な日常として構成されていた実践をくりかえしながら、それが戦場につながっていることをわれわれに指し示し、そうすることによって陳腐な日常をもう一度構成しようとしているのである。

2　記憶の政治学

日常における慣れ親しんだ身体の図式が、いまもなお戦場にあるということを想起することは、その身体の図式が否応なしに変容されてしまう可能性を思い浮かべることに他ならない。日常のなかに戦場の記憶をひきこむハルビンの親父や奥崎の介入が、大きなインパクトをもつのは、戦場が身体図式の変容の可能性を引き起こす場であることに起因している。こうした暴力的な身体図式の変容が引き起こす意味世界の変容を、F・ファノンは植民地空間の問題として見事に描いている。ファノンにとって暴力を思考することは、「地に呪われたる者」たちの主体性にかかわる政治戦略上の問題だった。

本書のはじめにも述べたように、ファノンがその第一作目の『黒い皮膚・白い仮面』で描いた植民地空間におけるアイデンティティーは、支配者と被支配者にけっして分割されることのない不安定なものである。「植民地主義者の自己」や「植民地化された他者」ではなく、その両者の間に広がる距離のなかで、パラノイアに陥っていくアンビバレントなアイデンティティーこそ、植民地空間を特徴づけるのである。白い仮面の背後には、真性の黒人のアイデンティティーが隠されているのではないのだ。[*4] またくりかえせば、こうしたナショナル・アイデンティティーにかかわる理解は、本書でとりあげた「日本人」になるという問題にも共通するものであった。

一方こうした不安定なアイデンティティーは、パラノイアを生むと同時に、みずからのアイデンティティーを決定せず、多様なアイデンティティーを生きぬくポスト・コロニアルな状況におけるアイデンティティー戦略にもつながっている。H・K・バーバがファノンに注目するのは、「想像の共同体」（B・アンダーソン）に包摂されながらもその共同性に決定されない臨界領域を、バーバがポストコロニアルな状況における戦略拠点として措定しようとするからに他ならない。かかる意味で、沖縄の人々が歩んだ「日本人」になるという営みは、今日のポストコロニアルな状況にかかわる問題として議論される必要があるだろう。

だが問題は、「想像の共同体」に決定されないこの臨海領域とは、いかに発見されるのかということだ。いいかえれば、それは均質なナショナル・アイデンティティーをパラノイアに陥れ、その結果浮かび上がる不安定な領域を新たな「分節化」の戦略的な拠点として設定していく道筋の問題でもある。少なくともファノンにおいては、この新たな戦略拠点は、「想像の共同体」の内部にあらかじめ領域として用意されているわけではない。そこには、ファノンの暴力についての厳しい洞察が隠されている。

植民地主義は他者の系統立った否定であり、他者に対して人類のいかなる属性も拒絶しようとする凶暴な決意であるが故に、それは被支配民族を追いつめて、「本当のところおれは何者か」という問いをたえず自分に提起させることになる。＊5

ファノンにとって植民地主義は、バーバが看取したようなポストコロニアルな状況につながる空間を意味していただけではなく、暴力が支配する戦場に他ならなかった。植民地空間におけるアイデンティティーの問題は、バーバのいうようなアンビバレントなものというだけではなく、ファノンにおいては植民地戦争が引き起こしたトラウマに刻印されたものとして描かれている。そこには、支配と被支配が区分されないあいまいな植民地空間ではなく「暴力の言葉」により敵と味方に区分された戦場としての植民地主義が想起されているのである。ファノンにとって、ポストコロニアルな状況は同時に、黒人であるというだけである日突然に拷問室に連れていかれ、暴行が加えられる危険性にも満ちていたのである。言葉もなく突然おそいかかる明確なる二分法。陳腐な日常に内在するこの緊急事態は、これまでの身体図式を混乱に陥れ、自分自身を語るべき座標軸を喪失させていく。

「ママ、見て、ニグロだよ、ぼくこわい！」。こわい！　こわい！　この私が恐れられ始めたのだ。私は腹をかかえて笑おうとした。だがそうできなくなってしまっていた。（中略）身体的図式は四方からの攻撃を受け崩壊し、人種的皮膚的図式がとって代わった。汽車の中ではもはや私の身体の第三人称での認識ではなく、三重人格としての認識を行なわなければならなかった。汽車の中では、人は一人分どころか、二人、三人の席を私にあけてくれたのだ。もう私はおかしがりはしなかった。世界の熱っぽい座標軸は見つからなくなってしまった。（中略）吐き気が……[*6]

突然襲いかかる「人種的皮膚的図式」により、これまでの身体は混乱し、崩壊していく。そして自らに問いかけることになるのだ。「本当のところおれは何者なのか」。

私は自分の身体の上に客観的なまなざしを注いだ。私の肌の黒さを、私の人種的な特徴を発見した。——そして人食い、精神遅滞、物神崇拝、人種的欠陥、奴隷承認といった言葉が耳

をつんざいた。そしてとくに、そうだ、とくにあの「おいしいバナニアあるよ」が[*7]

この混乱した身体のなかでファノンが想起するのは、あいまいな植民地空間ではなく、暴力が支配する戦場にほかならない。「アメリカではニグロは隔離されている。南アメリカではニグロは街中でたたきのめされ、ニグロのストライキ参加者は機関銃の餌食にされている」[*8]。ファノンはたえず暴力の危険性を考えつづけた。あえていえばそれは、日常のなかに戦場を想定しつづけたということだ。

新たな座標軸は、あらかじめ用意されるものではなく、吐き気をもよおす混乱した身体から構築されなければならない。日常のなかで戦場を思考しつづけることとは、こうした新たな身体の構築と、新たな座標軸の獲得を希求することなのだ。それは、ナショナルなアイデンティティに決定されない臨界領域を、まさしく戦場を考えつづけることにより浮かび上がらせ、そこに新たな「分節化」をもちこもうとする革命家としてのファノンの姿でもある。戦場の記憶は政治に他ならない。「日本人」になるという陳腐な日常のなかに、沖縄戦の戦場を想起することも、ファノンがめざしたこの「分節化」の作業ではないだろうか。

沖縄戦を生みだした戦場動員は、「死ねる臣民」としてのファナティックな自覚や、非人道的な思想の結果というよりも、「日本人」という「想像の共同体」の内部でくりかえされた日々の陳腐な実践と結びついていた。そしてこの身にしみた実践は、今日にまでつながっている。戦場を想起するということは、こうした日々の実践が戦場の身ぶりであるということを確認することであり、身体化された実践を戦場という場において再構成していくことなのだ。構築された実践から別の構築の可能性を浮き上がらせること、これが戦場を想起するという営みに他ならない。そうであるがゆえにこの想起するという営みは、さしあたり吐き気と不気味な「身体のっとり魔(ボディ・スナッチャー)」(R・マーフィー)の侵入という身体的変容として、開始されるのである。記憶は、言説ではなくまずもって身体と実践を構成するのである。

3　最後に――「ＯＫＩＮＡＷＡ　ＪＩＮＴＡ（ウチナージンタ）」

いつだったか、ヤマトのミュージシャンがこぞって沖縄の島うたにとびつき、新しい「文化」を「日本」のなかに見つけたかのようにはしゃいでいる頃、「のど自慢」で、那覇市からの中継が放映されたことがある。ふだんは見ることのない番組だが、私はきっと島うたがたくさんでてくるにちがいないと期待して、チャンネルを合わせた。しかし、期待は見事にはずれた。それはちょうどバリ島でガムランが聞けなかったようなものだ。ネーネーズや喜納昌吉がでてくる番組を見ればよかったのかもしれない。いったい私は何を期待していたのだろうか。

先頃出されたＣＤ「ＯＫＩＮＡＷＡ　ＪＩＮＴＡ（ウチナージンタ）」（オフノート）では、のどを気持ちよさそうに震わせながら、大工哲弘が歌っている。そして歌われているのは「島うた」ではない。「書生節」、「東京節」、「カチューシャの唄」、「満州娘」そして「沖縄を返せ」など、いずれも「本土」で流行し、沖縄でも歌われた歌である。

武装警官と軍隊による「併合」により開始された沖縄の近代は、いうまでもなく「ヤマト」化の歴史でもあった。そしてこの「ヤマト」化は、戦場へと帰結していった。その後、アメリカの占領を経て、一九七二年には「祖国」に「復帰」する。戦前の沖縄の知識人が、くしゃみの仕方まで「ヤマト」を模倣しろと主張し、占領した米軍が沖縄人は日本人ではないといい、復帰運動を担う労働組合がこぞって「民族の救出劇」と叫ぶなかで、これらの歌は歌われ、また歌わされていったのである。私が「のど自慢」で島うたを期待したように、沖縄の人々は「本土」と同じ歌を口ずさむことが期待されたのである。

だがこの「OKINAWA JINTA」は、かつて歌われた歌をたんに収録しただけのものではない。もし、沖縄の流行歌を並べただけのアルバムでしかないのなら、それを聞く者の脳裏に、「ヤマト」化の帰結としてあった戦場の光景が、あたかも大工の歌に誘われるように、浮かび上がってくることはないだろう。

かたき土を破りて、民族のいかりにもゆる島、沖縄よ／我らと我らの祖先が、血と汗をもって、守りそだてた沖縄よ／我らは叫ぶ沖縄よ、我らのものだ沖縄は／沖縄を返せ、沖縄を返せ。

「血と汗をもって、守りそだてた沖縄」を「我らのものだ」と叫ぶこのおぞましさ歌が、大工の口から何度もくりかえされるとき、四人に一人、あるいは三人に一人の割合で殺された戦場の記憶が、忽然とよみがえってくる。歌詞には戦争の文字は登場しないし、歌詞から看取できるのは無神経なナショナリズムでしかない。にもかかわらず、大工の声を聞く者には、あの戦場が現在もなお継続中であることが、びりびりと感じられるのである。こうした過去を呼び戻す力は、歌詞カードの字づらをいくらながめていても生まれるものではない。まさしく大工が、いま朗々と歌うことによってのみ獲得された力なのである。

歌は書かれた言葉ではない。たとえ歌詞として記述することができてもそれは歌ではない。両者の決定的な違いは、歌い手が力をこめて声を震わせ発声しなければ、歌にはならないというところにある。歌詞は発声する人の力との関係においてのみ歌になるのである。逆に、そうであるがゆえに歌は、人の力を結集させる恐ろしい動員のテクノロジーにもなるのである。だが歌うことの恐ろしさは、力を結集さすということにとどまらない。歌の恐ろしさは、歌うというこうした力の発動を、記憶としてたえず確認し保存しつづけるところにある。歌詞だけではなく、発声の仕方という身ぶりまでもが記憶されなければ歌うことは不可能であり、また逆に、歌いつづけることによりこの記憶は、確認され継続されていくのである。

たとえば、「日の丸」の前で「君が代」が斉唱されるとき、そこには一人ひとりの発声する力があると同時に、斉唱するという実践を通してこうした力が、「日本人」という共同性を演出していく力にしたてあげられているのである。こうした力の結集は、「君が代」の歌詞の意味作用からくるのではなく、まさしくともに斉唱するという実践の産物なのだ。「ＯＫＩＮＡＷＡ　ＪＩＮＴＡ」にはいっている歌は、多かれ少なかれ「君が代」と同様に、沖縄の人々が歌う力を「日本人」という共同性へとまとめあげていったのであり、さらにこうした共同性は、歌いつづけるという実践においてたえず記憶として確認され、継承されていったのである。そして大工も、この歌により刻み込まれた記憶の痕跡を、一つひとつ想起しようとしている。

大工が再び「満州娘」や「沖縄を返せ」を歌うとき、そこでもくろまれているのは、歌詞の内容にナショナリズムやオリエンタリズムを発見し糾弾することでもなければ、沖縄の歴史を客観的に記憶することでもない。大工の戦略は、歌ってしまったという記憶から、「日本人」へとまとめあげられた歌声を確認し、ある意味ではそれを継承しながら、歌いきったという人々の力の発動をすくいだそうという試みなのだ。「歌ってしまったのだ」という記憶を、主体的に「歌いきったんだ」という記憶として再提示し、さらに「日本人」にまとめあげれない記憶として獲得しようとする営みこそ、朗々と歌いあげられた「満州娘」や「沖縄を返せ」に他ならないのである。恥じることなく毅然として、また楽しそうに、沖縄で流行した「ヤマト」の歌を歌いきることにより、逆に「ヤマト」に回収できない過剰な記憶を想起することが可能になるのである。

こうして想起された記憶は、新たな共同性を生み出すことだろう。こうした記憶にもとづく歌こそ、島うたという名にふさわしいのかも知れない。島うたとは、音階やリズムに還元されて説明されるものではなく、声を出して歌うという実践により想起される記憶において、語られなければならないのである。したがってそれは、ともに歌い聞くという実践的関係が営まれる場においてこそ、可能であるに違いない。

ともにふたたび歌うということは、その歌が沖縄戦につながる死にゆく者の歌であることを想起し、そしてふたたび歌うという実践において、いいかえれば、声を震わせている身体のなかにおいて、別の身体性を見いだしていこうとすることなのである。戦場の記憶を想起する作業とは、ともにふたたび歌うという実践的な営みに他ならない。

註

＊1――Homi K. Bhabha, *The Location of Culture*, Routledge, 1994, p. 63.（訳文は田中聡志訳「ファノンを

想起すること」『imago［イマーゴ］』三巻七号から引用した)。

＊2――太田好信「文化の客体化」『民族学研究』（五七巻四号、一九九三年)。

＊3――原一男・疾走プロダクション編『ゆきゆきて神軍 制作ノート＋採録シナリオ』（話の特集、一九八七年)。

＊4――Homi K. Bhabha, *op. cit.*, p. 88.

＊5――F. Fanon, *Les Demnes de la Terre*, Maspero, 1961.（鈴木道彦・浦野衣子訳『地に呪われたる者』みすず書房、一九六九年）一四三頁。

＊6――F. Fanon, *Peau Noire Masques Blancs*, Seuil, 1952.（海老坂武・加藤晴久訳『黒い皮膚・白い仮面』みすず書房、一九七〇年）七八頁。

＊7――同、七九頁。

＊8――同、七九頁。

補論

1 平和を作るということ[*1]

i 大きな政治と小さな政治

新しい日米防衛協力の指針（ガイドライン）に関わる関連法案の採択が、大詰めを迎えている中で、この原稿を書いている。この法案によって引き起こされるであろう事態は、防衛協力という名において、個人の私権が制限され、がんらい個人や地方自治体に帰属している財や施設を戦争目的のために動員しうる動員体制の実現である。また、後方支援や防衛協力というレトリックにより自衛隊の役割をあくまで副次的なものとして演出するその背後には、この軍隊を日本の国益を守るための軍事力として行使しようという意図が存在するだろう。日本は今、軍事力を行使しうる国家として、登場してきているのである。

どうしてこんなことになってしまったのだろう。そして、こうした状況のなかで平和という概念はどのように構想できるのだろうか。暗澹たる気持ちを抑えながら、考えていきたい。

ところで、ガイドライン関連法案の問題という課題に対しては、このガイドライン関連法案にどのような勢力の意図が隠されているのか、また実際に軍隊が国際関係のなかでどのように機能するのかということを、政治学的に分析してみせる作業がすぐさま思い浮かぶ。こうした作業が必要なことはいうまでもないが、同時に私はそこに、ある法案やある特定の利害、また国家を単位とした国際関係という場に軍事的暴力の問題を限定し、切り縮め、外在化する身振りを感じてしまうのだ。

一九九五年九月に沖縄で起きた米兵によるレイプ事件をきっかけに、沖縄の反基地運動は拡大した。後でもう一度後述するこうした展開のさなか、このレイプ事件を性暴力の問題として受け止めようとした動きに対して、これは安保の問題であり女の問題に矮小化するなという意見が、ある集会で述べられた。たしかに問題は日米の軍事同盟の問題であり、それを抜きにして基地に関わる暴力は議論できない。にもかかわらずこの発言からは、現在の政治を領有し、それを明け渡すまいとする身振りを、どうしても感じてしまう。誤解のないようにいえば、性暴力の問題を特権化することを主張しているのではない。問題は軍事に関わる政治の領域を語る言説の貧困であり、その言説から排除された領域を否認し続ける抑圧であり、その抑圧された領域をどのようにして新たに政治化するのか、ということなのである。この問いは、安保も性暴力もどちらも重要な問題だとか、二つの問題があるという言い方でごまかすことはできない。

大きな政治と小さな政治。政治と呼ばれる領域をめぐるこうした分割が存在している。世界情勢、東アジア情勢を論じる大きな政治と、軍事的暴力とともに生き延びている社会が日々更新される中で見いだされる小さな政治。後者は往々にして無視され、よくても前者に解消されてしまう。また重要なことだが、この分割は、しばしばジェンダー化される。そして私は、天下国家を論じるマッチョな論調には、たとえそれが軍事的暴力への批判であっても、ある種の否認をどうしても感じてしまうのだ。私は、この大きな政治と小さな政治という区分を、どうしても受け入れることができない。

どうしてこんなことになってしまったのだろうという暗澹たる私の気持ちのなかには、ある特定の為政者への批判と同時に、軍事的暴力を承認してきた社会を問題化しえなかった大きな政治への批判と、そうした社会を生き延びている自分と自分たちへの内省的な問いが錯綜しているのである。そして今ここで考えたいのは、権力ブロックの政治学的分析でもなく、国際関係の見取り図でもなく、無言の承認もふくめて軍事力を承認しつづける社会に生きているということを、どのように問題化し、また軍事力が行使されることにより生み出される社会を、どのように予感し、こうした社会の内部にあって軍事力を否定する平和という概念をどのように構想できるのか、ということなのだ。

ii　危機と国益

それにしても、どうしてこんなことになってしまったのだろう。ガイドライン関連法案を登場させた明確な利害や政治的意図を持っている人々が存在しているのは確かだが、軍事力を希求する心性が醸成されてきたことには、もう少し別の社会的文脈が存在する。

一九九七年に駐留軍用地特別措置法（特措法）が「改正」された。この特措法は、個人の所有する財（土地）を軍用地として強制的に使用し続けることを法制化したものであり、ガイドライン関連法案で焦点の一つになる軍事行動の際の私的な財の強権的使用を先取りしたものである。またそれが、在日米軍基地の七五パーセントが集中する沖縄で継続的に闘われている反基地闘争をねらい打ちしたものであることは明らかだ。そしてこの特措法は、あっさりと「改正」されてしまった。こうした特措法「改正」からガイドライン関連法案への展開には、さしあたり、極めて巧妙に仕組まれた政治的プロセスがあるといえるだろう。

一九九六年の八月に、当時の梶山官房長官の肝いりで、「沖縄米軍基地所在市町村に関する懇談会」がつくられた。その中心メンバーである経済学者の島田晴雄は、沖縄の基地問題を沖縄への振興政策に置き換えながら、国家による軍用地の使用は安全保障にかかわる「国家の信用」の問題であり、不文律であることを主張している。[*2]この不文律は、従来の法体系を超越するエージェントが、特措法「改正」からガイドライン関連法案のプロセスにおいて、登場してきていることを意味している。

だが今ここで考えたいのは、こうしたプロセスの政治過程分析ではなく、日常的に基地の暴力にさらされている人々の声や痛みを遮断し、国家による介入を当然と感じてしまうような大多数の日本国民の意識が醸成されてきているという問題である。「沖縄を踏みにじれば踏みにじるほど、日本社会の荒廃が深まりゆく」のである。[*3]

阪神大震災、オウム真理教事件とその後の裁判、ペルー日本大使館人質事件、不況……。この数年の雑誌、マスコミの全体を覆うある種の雰囲気について気になることがある。それは、これまでの政治的区分や立場の違いをこえて、あらゆる議論が、正しい日本を希求するという結論に向かってしまうということだ。個々の事件が論じられる時、それぞれが、異なった様々な文脈において発生しているにもかかわらず、事件が危機として描かれ、危機に対応ができない制度や機構を批判するなかで、日本の国益やあるべき日本の姿を希求するという一つの論調が、繰り返し登場しているのだ。そしてこうした再文脈化は、保守的言説というより官僚や政治家への批判的言説として登場することが多い。

たとえばそれは、ペルーの日本大使公邸でおきた「人質事件」めぐる一連のマスコミの論調に如実に伺える。一九九六年一二月一七日、天皇の誕生日を祝うパーティを行っていたペルーの日本大使公邸に、トゥパク・アマル革命運動（ＭＲＴＡ）のメンバーが仲間の釈放などの要求を掲げ人質を取って立てこもった。この事件は、翌年の四月二三日のペルー特殊部隊の突入とＭＲＴＡメンバーの全員射殺というかたちで幕が引かれた。

この事件をめぐって多くのマスコミ、雑誌は、特集を組んだ。そこでの支配的な論調は、危機に対応できない日本政府への批判と軍事行動も含めた危機管理国家の必要性であり、理想の危機管理国家としてペルーのフジモリ政権が宣揚された。[*4] またドイツ史を研究する歴史家の野田宣雄は、危機を世界に拡大した資本主義に対応しきれない国家の危機としてとらえ、国境を越えた国家機構の介入の必要性を主張している。[*5] そこでは、世界市場に拡大した日本経済の危機が、世界に対して介入できない国家の政治的危機に、見事に置き換えられている。経済の危機は、発動されるべき軍事力の不在の問題として語られ、危機の克服は軍事的暴力を作動させうる国家機構の必要性として主張されるのである。それはまた、現在の不況が、国家の介入を求める政治の危機として語られることとも共鳴しあっている。

だが、話は逆なのだ。危機は軍事的暴力の不在を意味しているのではない。かつて引き起こされた軍事的暴力と現在進行している暴力の存在が、「危機＝軍事の不在」という言説のなかにおいて否認されていく構図こそが問題なのだ。米軍基地が集中する沖縄で日常的に展開してる暴力、そしてなによりも日本の植民地支配のなかで生み出された暴力の痕跡が、この危機と危機管理国家への希求という文脈において消し去られていくのだ。すなわち、特措法の「改正」のなかで登場した「国家の信用」や「安全保障」という不文律や、藤岡信勝らの自由主義史観研究会が従軍慰安婦に関わる歴史記述は国益に反すると主張するときに持ち出す国益は、こうした「危機＝軍事の不在」という言説と深いところで共振しているのである。

危機が主張され、国益を守る新たな国家への希求と軍事的暴力の必要性が主張されるまさしくそのときに、かつて作動した暴力の痕跡と現在も作動し続けている暴力の存在は、否認されていくのである。準備される軍事的暴力が、いまだ実際には発動されていないとしても、その必要性が主張されるその瞬間に、この否認の構図は作動しているのだということを、決して看過してはならないだろう。また、たとえ軍事的暴力に反対する立場から主張されたとしても、軍事問題を検討するためにしばしばもちだされる国際政治のシュミレーションが見失っているのは、この否認の構図だ。それは、当然のことながら、前述したようなマッチョな天下国家を論じる大きな政治がもつ抑圧の問題でもある。*6

未来において軍事的暴力が必要とされるような現在の危機も、未来において壊されるかもしれない守るべき平和も、ともに前提にすることはできない。軍事的暴力は、危機や平和の先の未来に存在しているのではなく、常に既に作動しているのである。そして平和とは守るものではなく、否認の構図を乗り越え、今ここから作るものなのだ。だがいかにして……。

iii　敵は誰なのか

ところで、ペルーのフジモリ大統領を賞賛し、日本の危機管理のふがいなさを嘆く論調のなかで、特殊部隊により殺されたMRTAのメンバーには、国益を脅かす凶悪な「テロリスト」としての場所のみが与えられていった。だがいったい、彼ら／彼女らについて、何を知っているというのだろうか、あるいは何を知ろうとしたのだろうか。また殺されるべき敵はどこにいるのか。一体誰のことを、殺されるべきだと了解してきたのだろうか。

実のところ、何も知らないし、知ろうともしなかったのだ。にもかかわらず、多くの日本国民は、彼ら／彼女らを、殺されるべき敵として了解したのだ。この問題は、学者が供給するようなペルーをめぐる政治史の知識の欠如に起因するのでは断じてなく、またMRTAに政治的正義があるということとも直結しない。知らないし知ろうともしない人々を、殺されても当然な「テロリスト」として見なし、平然としていられる感性の問題である。国益を顔の無い敵からいかに守るのかということではなく、危機と国益をめぐる議論のなかで生み出されるこの不気味な感性こそ、問題にしなくてはならない。

ガイドライン関連法案が議論されている一九九九年三月二四日未明、忽然と二隻の「不審船」が登場した。この「不審船」に対し、海上自衛隊は護衛艦と対潜哨戒機による威嚇攻撃を繰り広げた。またその写真映像は、リアルタイムですぐさまテレビで放映され続けた。波しぶきをあげて進む二隻の小型の船とそれを追跡し砲撃を繰り返す軍艦の写真は、圧倒的な軍事力を持つ者が無防備な小型船に一方的に攻撃を仕掛けているという構図を示している。だが、その映像を見る多くの視線は、圧倒的に強い者が弱い者へ攻撃を仕掛けているとは理解しなかったのである。多くの人々は、その映像を見ながら、攻撃されているのは自分たちであり、自衛隊の砲撃はその攻撃から身を守る防衛行動だと理解した。だがしかし、放映された映像のどこに、この小さな船からの攻撃が見いだせるというのだろうか。

軍事専門家や自衛隊のコメントによれば、この「不審船」の内部には地対空ミサイルを含む強力な武器が隠されていたという。また、そうであるが故に、危険にさらされていたのは、砲撃と爆弾による攻撃を受け続けていた「不審船」ではなく、一方的に攻撃し続けた自衛隊の側であり、場合によっては死者を出す可能性も高かったというのだ[*7]。そしてこうした理解は、放映された映像を視た者たちに、多かれ少なかれ共有された。

今問題なのは、実際に武器が隠されていたのかどうかということにあるのではない。逃げまどう小さな船の映像を見ながら、自分たちが攻撃しているのではなく自分たちが攻撃されているのだという理解が生み出されることこそが、問題なのだ。

「不審船」の映像を見る視線には、視る対象を構成する力がすでに埋め込まれている。いいかえれば視るという行為が、すでに予告された対象を作り上げるのだ。しぶきをあげて走る船に注がれる視線により、この船は昔から自分たちを攻撃しようと狙っていたのであり、今後もそうするに違いないと理解するのである。また映像からは徴候すら発見できない背後に隠された強力な武器も、この視線は見るのだ。では、一方的に攻撃していた自分たちが、実はいつ何時攻撃されるかもしれない危険な状況のなかにいたのであり、逃げまどう小さな船は、実は強力な武器で自分たちを狙っていたという了解の仕方は、一体何を意味しているのだろうか。

ただちに解ることは、こうした視線の有り様は、明らかにレイシズムと重なり合うということだ。レイシズムのなかで成立する視線は、相手の身振りや思考を定義し、歴史をも確定する。

「〈連中のことはよく知っている〉、〈奴らはそうしたものなのだ〉、という決まり文句は、こうした事物化の最高に成功した例を表している。つまり連中を定義する身振りや思考を、私は知っているというわけだ」[*8]。フランツ・ファノンが「事物化」と呼ぶこうした視線は、そのまま「不審船」への視線でもあるだろう。こうしたレイシズムの視線は、対象を認識するというより、対象を暴力的に作り上げるものだ。「他者は身振りや眼差しで私を着色する。染料がプレパラートを着色・固定するように」[*9]。そして何よりも重要なことは、こうした視線によりレイシズムの暴力を行使する行為者が遂行的に構成されていくということだ[*10]。テレビ映像に映し出された「不審船」に注がれた視線は、「不審船」への暴力を行使する行為者を生み出していくのである。

いま私がレイシズムを参照しながら述べた「不審船」への暴力を、決して自衛隊の軍事行動という問題に単純化しないでほしい。問題は、この軍事行動がいかに仕組まれたものであり、ガイドライン関連法案を先取りしたものであるのかというところにあるのではなく、攻撃が攻撃として了解されないような暴力行使にある。攻撃をしているのはどこまでも不審船であり、自分たちは攻撃にさらされている、というわけだ。放映された「不審船」を見ながら、多くの人間が自分たちが攻撃されていると理解し、自衛隊の攻撃を否認するのである。自らが攻撃をする行為者として作り上げていくまさしくそのプロセスにおいて、その暴力を否認していくのである。軍事的暴力の問題を、決して一つの法案や華々しい戦闘行為に切り縮めてはならない。看過してはならないのは、こうした否認の構図が社会に共有されていく点なのであり、こうした意味において軍事的暴力は、それがいかに幼稚なものであったとしても、社会を不断に再定義するのである。

さらに、この「不審船」への暴力について今ひとつ注釈を加えておかなければならない。それは、視線によって構成されていく暴力を行使する行為者の対象は、軍事的な文脈に限定されるものではないということだ。それは他の様々な文化的コードと接合しながら構成され、日常性のなかで登場することになる。いいかえれば、「不審船」は日々の生活のなかで見いだされるのであり、それへの暴力は軍事行動というよりレイシズムやセクシズムの形を取って登場するのだ。こうした意味において、自衛隊の軍事行動と日常生活において登場する暴力は、別々に論じられるものでもなければ優先順位がつけられる問題でも断じてない。

暴力を手段と見なし、その手段の所有者や手段の道具的な規模を基準に暴力を分類して論じることの問題が、ここにある。暴力を批判するにせよ、軍事的暴力は政治学的に定義された軍事行動の問題としてのみ議論されてはならない。軍事的暴力は社会を不断に定義していく「法措定的暴力」[*11]として常に既に作動しているのであり、こうした意味において、日本における朝鮮学校生徒への暴力や在日朝鮮人への日常的な暴力の拡大、また自由主義史観のような過去の暴力を否認する動きは、軍事的暴力が既に作動していることを示しているのである。そして私たちのめざすべき平和とは、こうした暴力全体を問題化することなくしては、思考しえないだろう。

暴力と暴力を否認する構図を問題化するには、凶悪な「テロリスト」や武器を隠し持った「不審船」から思考する必要がある。始めなければならないのは、繰り返すが、知らないし知ろうともしなかった人々を、殺されても当然という「テロリスト」や「不審船」として見なし、平気でいられる感性を問うことだ。このように問題をたてたとき、「テロリスト」や「不審船」への暴力をめぐって、ある種の隘路が存在することに注意しなければならない。それは暴力を問題にしようとした時に必ずといっていいほどぶち当たる、思考の停止である。すなわち、一つは暴力それ自身を用いてはならない手段として否定する考え方と、今ひとつは暴力をその使用目的において正当化したり否定したりする考え方である。こうした考えに基づく「テロリスト」や「不審船」への暴力の批判は、前者の場合は自分たちの社会への内省的問いかけを全く欠いた平和主義として登場するだろうし、後者の場合、「テロリスト」は正義のための暴力、革命のための暴力なのであり、その鎮圧は不正義であり反革命だということになる。

だがどちらも、「テロリスト」や「不審船」への暴力にかかわる否認の構図やこの暴力が「法措定的暴力」としてどのように社会を再定義しているかという点については、問題化しえないのである。そもそも、W・ベンヤミンが指摘するように、暴力を手段とその行使する主体の目的に分割し、暴力の手段自体としての否定と目的に応じた正当化を行うというこのダブル・スタンダードは、近代国家の常套手段なのだ。[*12] そして平和を作るということにおいて今必要なのは、手段として暴力はいけないという一般的な平和主義でもなく、その目的に還元するのでもない、内省的な暴力批判の思想なのである。そして軍事的暴力が既に存在し、社会を構成し続けるなかで問われるべきは、社会を構成する文化的コードに関わる暴力を、軍事的暴力と切り離すことなく問題にしていく作業である。

セクシズムやレイシズムの暴力は、軍事的暴力の存在と区分して論じることはできない。そしてこうした日常社会で展開する暴力を決して単純化せず、ていねいに問題化することによってこそ、軍事的暴力により定義された社会とは異なる社会が、初めて展望されるのである。今こうした営みを、平和を作ると呼んでおきたいと思う。平和とは、軍隊から守るべきものとしてはじめから存在するのではなく、国際政治の力学によって設計できるものでもなく、平和を作るという実践のなかで見いだされる社会性のことなのだ。

iv　基地が存在するということ

ところで、ガイドライン関連法案は、一方では日米の軍事協力に関わっている。軍事力を行使しうる国家としての日本は、いまのところ米軍との共同行動という形を取ってしか登場しえないのだ。またこうした構図は、米軍の基地に対する反対運動に深い陰影を落としている。ある政党は、「日本に外国の軍隊はいらない」というスローガンを掲げた。また一九五〇年代から続く、日の丸を掲げた反基地運動の歴史は、自らが侵略し、また攻撃を新たに始めようとしているにもかかわらず、自分たちが侵略されているのだというレトリックを限りなく生産し続けてきた。[*13]だが、基地が日常的に存在するということにより生み出されてきた暴力と、その暴力により更新されてきた社会は、「外国の軍隊」がいなくなればよいということで問題化できるものではない。

一九九五年九月に沖縄でおきた米兵による少女レイプ事件をきっかけに、広範な反基地運動が展開された。こうした反基地運動の高揚に対抗する形で、前述した一九九七年に駐留軍用地特別措置法（特措法）が「改正」されたのであり、くりかえすがこの特措法「改正」は、ガイドライン関連法案を先取りするものでもある。

このレイプ事件が、反基地運動の早い展開へとつながった理由として、やはり「少女」ということがある。テレビのニュースキャスターの言葉を借りれば「弁解の余地がない」暴力行為なのである。圧倒的暴力の犠牲者としてしか表わしようがない事件であるが故に、米兵の暴力もまた、「弁解の余地」なく明確に定義されたのであり、逆にまた、こうした明確な定義を確認するために、「少女＝犠牲者」は、何度も何度も言及され、メディアをかけめぐっていったのである。

こうした「犠牲者」により定義された米軍の暴力は、軍隊の暴力として、そして基地がある限りなくならない暴力として主張されていった。「基地がなくならない限りレイプはなくならない」というわけである。だがこの「犠牲者」による暴力の定義（犠牲者化とよぼう）は、明快であるだけではない。こうした定義は、暴力そのものを単純化し、暴力の作動にいかなる日常の秩序がかかわり、暴力をたえず準備し続けているのかという問題を、見失わせることになる。また、こうした犠牲者化による暴力の単純化が、暴力そのものの痕跡を否認していくことにもつながっているのである。

元海兵隊員で現在基地問題を考えようとしている私の友人は、この事件に憤りながらも、どうしてフィリピンから沖縄に働きにきているホステスや性産業で働く女性たちが問題にならないのかと私に質問した。海兵隊にいた彼が軍隊のなかで日常的に目にしたレイプ事件は、こうしたホステスや性産業で働く女性たちに向けられたものだったからである。

米兵によるレイプ事件は、沖縄において日常的に発生している事件である。またその多くが、沖縄市や金武町といった基地の町における「歓楽街」でおきたものだ。もちろんこうした事件が、これまで無視されてきたわけでは断じてない。だがこうした「歓楽街」でのレイプが、今回の「少女」の場合のような展開をこれまでみせなかったことは、事実として確認しなければならない。またこの「歓楽街」と「少女」の違いは、単に「これまで我慢してきたが、もう我慢できない」ということでも断じてない。

いうまでもなく「歓楽街」でのレイプは、米兵に関わりながらもその暴力の行為者は米兵に限定されるものではない。また「少女」との違いが意味しているのは、守らなければならない自分たちの娘や妻とそうではない女性の区別であり、その「自分たち」という枠は家父長制であると同時にフィリピン女性を外部化するナショナルな枠でもある。

今ひとつ、このレイプ事件に関わって見過ごせないことがある。それは、米兵をボーイフレンドにしようとして基地の周辺に集まる女性たちのことである。彼女らは「アメ女」という蔑称で呼ばれ、ホステスの女性たちと同様に日常的にレイプを被っている。「少女」のレイプ事件がマスコミをかけめぐっているさなかに、「それでも『アメ女』たちは黒人兵を追いかける」という記事が登場した。[*14] 一方が「弁解の余地がない」暴力行為として表現されるのに対し、「アメ女」たちに対して日常的におきているレイプは、「それでも『アメ女』たちは黒人兵を追いかける」

として描かれる。そこでは圧倒的な暴力の客体として設定された「少女＝犠牲者」ではなく、「黒人」を欲望する「アメ女」が描かれているのである。そして「犠牲者」から区分された彼女らは、犠牲者化により定義される米軍による暴力の問題の外におかれてしまう。彼女らは好きで黒人兵とつき合っているのであり、何がおこっても自業自得だというわけである。

ここで「アメ女」と表象された彼女らが、黒人とつき合っているかどうかが問題なのではない。重要なのは、彼女らが「黒人」を欲望する欲望の主体として「主体化」されて描かれるがゆえに、彼女らに加えられる暴力が、犠牲者化のなかでは表象されえなくなっていくという問題である。彼女らの人間関係（この相手が黒人である必然性はまったくないし、米兵である必然性もない）に勝手な「主体性」を担保することにより、彼女らに日常的に加えられている暴力を承認していくのである。こうした女性の区分が家父長制の問題と関連することは明らかである。「アメ女」もフィリピン人のホステスと同様に「自分たち」の女ではないのだ。

ところでこの「アメ女」をめぐる表象において、もう一つ議論しなければならないことがある。それはこの記事では米兵が「黒人兵」として描かれており、そこには「黒人＝セックス・マシーン」という内容が込められているという点である。レイプ事件がおきた同じ年の一〇月、米国のコーネル大学で沖縄の話をした際に、この事件について言及したことがある。話の後、アフロ・アメリカン・スタディーズを専攻する大学院生がこう質問した。「犯人は黒人ですか白人ですか」。同じ質問は、数日後に同じくコーネル大学のアフロ・アメリカン・スタディーズの教官からもだされた。彼らの説明によれば、もし黒人なら「黒人米兵」として報道されているはずだ、という。

なぜレイプ事件に関して、その犯人が白人なのか黒人なのかということが、問題になるのか。彼らがいうには、もし黒人なら、「レイプ犯＝黒人」というステレオ・タイプ化された表象が、作動するはずだというのである。確かに、米国で黒人を犯罪者扱いするレイシズムの言説は、たびたび問題にされている。たとえば、沖縄の事件と同じ時期、米国で少し話題になった事件で、子供殺しで逮捕・起訴された母親の事件があった。この犯人も当初は、「黒人数名に拉致され子供を殺された」と供述して、自らの罪を逃れようとした。この供述は、驚くほどすばやくメディアをかけめぐり、警察の捜査を規定していったのである。こうした「犯罪者＝黒人」というレイシズムは、とりわけ米国の警察には根強く存在している。

また、レイプの問題として「レイプ犯＝黒人」という表象を考えた場合、この表象は、白人の女性を守るという名のもとに発動される白人男性の黒人男性への暴力と、白人男性の女性への性暴力の承認とに関連している。乱暴にいえば、レイプ事件が黒人男性の問題として語られることによって、白人男性は自分の女性への暴力をおおいかくすベールと、黒人男性への暴力を可能ならしめる大義名分を、同時に手に入れるのである。

また、白人の女性を守るためという名のもとに発動される、白人男性の黒人男性への暴力の発動には、男の付属物として守られることを拒んだ白人の女性に、裏切り者として制裁を加えるもう一つの暴力の作動が隠されている。そして、この白人の男を裏切った白人の女にたいする暴力は、彼女らを「黒人＝セックスマシーン」に魅せられた「欲望する主体」として「主体化」したうえで発動されるのだ。「あいつらは普通じゃない」という訳である。逆にこうした暴力により白人の男は、白人の女を服従さすことができると同時に、白人の女性を守るためという名のもとに発動される、白人男性の黒人男性への暴力は、あくまでも「黒人＝レイプ犯」に対して「欲望」をもたない、いたいけな「犠牲者」を前提にして、発動されていくのである。

「黒人＝セックスマシーン」と「黒人＝レイプ犯」とがレイシズムを構成するなかで、セクシズムが作動するのであり、とりわけ「女性を守るため」という名のもとで、「犠牲者」と「普通じゃない女」が区分されていくことに注意したい。それはいうまでもなく、守るべき自分たちの女とフィリピン人のホステスあるいは「アメ女」との区分をめぐる問題とも重なる。そして、こうした区分において重要なことは、レイプという暴力をどう表象するのかということが、次なる暴力の作動と関わっているということである。

今問題になっている暴力は、基地に関わる暴力であり米兵の暴力である。しかしその作動は、犠牲者化が描いたような、単にそこに基地があるから作動しているような暴力なのではない。暴力を作動させ得る日常は、決してそこに基地があるというだけで構成されてはいないのである。米国におけるレイシズムを暗黙のうちに共有してしまっている日本社会。さらにそこに存在するセックス・ワーカーへの差別と、家父長制。これらは決してバラバラに存在しているのではない。基地が存在するということによって引き起こされる暴力は、いつもこうした多重な文脈と接合しながら具現するのである。基地が存在するということに関わる暴力の作動において、多重な文脈はたえず連携しながら暴力の痕跡を消し、またその作動を承認しつづけているのである。そして平和は、この折り重なっている文脈をていねいに問題化していくことからしか、見い出すことはできないのだ。

v　証言に出会うということ

ところで、暴力の行為者がまるで暴力を被る被害者として了解されるというパラノイアは、広島、長崎を軸にした日本の平和運動においても長く浸透してきたものである。植民地支配に関わる加害者としての認識は、原爆体験を基盤とした平和運動のなかで被害者としての認識にすり替えられていった。みずからをアメリカ帝国主義の犠牲者として作り上げていくなかで、暴力の行為者としての痕跡を否認していったのである。今日の危機を起点にした軍事的暴力を希求する動きが「日本の国益を守れ」という主張として登場していることと、平和運動のなかで米軍の駐留に対し「日本に外国の軍隊はいらない」と主張することとは、戦後という時間のなかで、根っこのところでつながっている。しかしそれは、被害者を加害者といいかえれば済む話ではない。[*15]

戦後責任という言葉がある。直接戦争に加担した責任ではなく、その責任を放置してきたという意味での責任ということらしい。確かに高度経済成長と共に育った私の世代にとって、あの戦争は映画の光景であったり、酔った親父の昔話だったりした。学徒動員で高射砲を射っていた親父は、照準器で狙いを定めると飛行機のほうもこちらを照準器でみているのがみえ、そのにらめっこに自分が勝利した話を死ぬ直前によく私にしたものだが、しかし、何度聞いてもその話からは、あの戦争への責任ということを引き出すことはできなかった。だから戦後責任という言葉を聞いたときナルホドと思いつつも、自分の生きてきた戦後という時間をどう取り扱ってよいか戸惑ったのが正直なところである。

もちろん、侵略により言いしれない傷を追わせた人々に対し、国家として謝罪し、国家補償を勝ち取ることは何としても実現しなければならない。またそれは、戦後責任などという言葉を持ってこなくても、明確な正当性がある。だが、なぜ戦争への責任を放置し続けたのか、あるいは放置し続けた間に何がおこっていったのかという内省的な問いを立て、自分の生きてきた戦後という時間を問題化することは、謝罪と国家補償を求めることに還元してしまってはならないと思う。戦後という時間を前提にして戦後責任を立ち上げる前に、まず戦後という時間を問わなければならないのだ。

一九九七年二月に台北で開催され、一九九八年の八月には済州島で開かれた国際シンポジウム「東アジア冷戦と国家テロリズム」は、こうした戦後を問題化する極めて具体的な取り組みに他ならない。[*16]このシンポは、日本の戦後が単に新たなナショナルな語りの登場とか、戦前からの連続性という問題ではなく、植民地主義からの解放が冷戦構造構築のなかで中断され圧殺されていくプロセスと共犯関係にあるということを、極めて具体的に確定していく作業である。すなわち、台湾での二・二八事件とそれにつづく国民党政権の白色テロル、済州島四・三抗争とその後に続く独裁政権による圧政。こうした暴力により打ち捨てられ、傷ついた人々を、他人ごとのように眺めてきた日本の戦後こそ、同時に戦争責任を放棄し続けた戦後なのである。両者は別々に論じるべきではない。

戦後を問題にすることは、戦前のことを忘れてしまったということに矮小化されるべきものではなく、戦後という枠の中で歴史を拒否されてきた人々に、もう一度出会うことなのだ。だから、自らが生きてきた戦後という時間をとらえかえす作業は、様々な声に出会うことでもある。殺されていった人々、傷ついた人々がいま、戦後という時間を乗り越えて語り始めている。

先の国際シンポジウムとは別のあるシンポジウムの場で、南京大虐殺をくぐり抜けた生存者であるその老人は、中山埠頭へと向かう中山北路の道のりを、殺された家族のことを、時にははげしく時にはゆっくりと、語った。そのあと、会場の一隅を陣取った若者達の一人が立ちあがり、それは事実ではないという旨の発言をくりかえした。

話すということそして聞くということ、その間には、目線、身震い、硬直、嗚咽、叫び、つぶやき、そして沈黙が、いつも漂っている。そして、語りかける者と聞き取ろうとする者の間に滞留していく言葉にもならないこうした声たちを、消し去るようなまねだけは、何としても阻止せねばならないと、あらためて思う。今日本のなかでは、戦争や植民地支配にかかわる証言をめぐって、証言を語り始めた人の口に泥を詰め込むような無神経な議論が、横行しているのだ。

植民地支配の歴史を否定する主張に対し、事実を提示して批判するのは、ある意味ではたやすいことだ。では、戦後日本の大多数の人々が耳をふさぎ、抑え続けてきた証言から、どのような社会性を紡ぐのか。そして、そもそも証言と出会うということは、いかなる営みなのか。そこでは、感傷の涙を流したり、同情の眼差しを送るのではなく、みずからの生きてきた時間を問題化する作業として証言と出会うことが、求められていると思う。

リアルな証言は、とにかく迫力がある。だが、そうした証言は誰の証言なのか。[*17] こんな問いを立てると奇異に感じるかも知れない。なぜなら多くの証言には、かならず○○の証言というように所有格がついているし、更に多くの場合、そこにはある主張を持った主体が証言の前にあらかじめ想定されている。そしてまずいことに、明確な主体が証言の背後にあらかじめ想定されればされるほど、その証言は聞く者にとって了解しやすくなる。また更に悪いことには、そのあらかじめ想定された主体的立場を理解しその立場に賛同することが、証言をもっとも誠実に聞くということにすり替えられていく。証言を帝国主義の暴力に反対する立場から発話されたものだと想定し、私も帝国主義に反対していますと応えることが、最上の証言への応答であるかのような錯覚に陥るのだ。

もちろん、帝国主義の暴力には反対だ。粉砕しなければならない。しかし証言に出会うこと、証言がなされ、それを聞くという関係性が紡がれることは、隊列を組んでシュプレヒコールを唱和することだけではないと思う。紡がれるべき関係性を唱和する隊列に単純化してしまうような文脈で使われる帝国主義粉砕という言葉は、血湧き肉踊る言葉なのかも知れないが、私はそこからどうしても乱暴な響きを感じてしまうのだ。

あるいは、法廷闘争の過程でなされる証言についても同じことがいえる。証言を聞くことは、法廷闘争を共に闘うことだけではないと思う。法廷闘争は、やはり勝利しなければならない。しかし、証言がまるでその勝利のためにあるかのように了解されたり、その法廷闘争への支援が証言を聞くということと同一視されたりするとき、やはり、紡がれるべき関係性をめぐる多くの議論がすっとばされ、そこから見いだされるであろう新たな可能性が除去されているように思う。

暴力が生み出した癒されない傷と、政治的な正義の実現との間を、証言という言葉で一気に埋めてしまってはいけない。その間には、いくつかの問いが立てられなければならない。その傷は言語化できるのか。より正確にいえば現在の証言を構成する言語的な秩序によって傷は記述できるのか。また発せられたその証言が傷の癒しにつながるのか、それとも政治的正義の獲得につながるのか。もちろん両者は重なり合っている。しかし、本当に残念なことだが、癒しと正義は往々にして剝離してしまうのだ。だから私は、李静和さんが「生きるために、というか生きることを意味づけることを助ける思想や原理はあるにしても、なぜ生きるのかということを最終的に問いただす、その権利を奪う思想やイデオロギーなるものは、断然わたしは拒否する」と勇気を持って宣言されたことを、[18] ずっと引きずっていたいと思うのだ。

それは最初に述べた大きな政治と小さな政治という分割の問題でもあるだろう。そしてこの容易に乗り越えられない分割を、分割を前提にした上で、両者とも必要だとか、両者の連携というういい方でいい逃れるのはやめておこう。証言をめぐって、こうした分割を持ち込まず、癒しが政治になること。証言にもならない傷への想像力を作り上げること。こうした営みなくして戦後という時間は問題化されないし、平和を作ることはできないのだ。

暴力は新たな暴力を承認すると同時に、暴力の痕跡と現在の暴力の存在を否認する。だから平和を作るとは、幾重にも折り重なった否認の構図を、一つ一つていねいに問題化していく作業なのである。こうした作業の中で暴力の痕跡は再度編集しなおされ、現在の暴力は顕在化される。そして暴力により構成された時間と空間が溶解し出すとき、この世界とは異なった新たな社会性が見出されるに違いない。それを平和と呼ぼう。

2　経験が重なり合う場所[*19]

i　テロという問題

二〇〇一年九月一一日における、世界貿易センターへの攻撃は、圧倒的な資本と軍事力により世界を支配し続けてきた米国への抵抗なのだろうか。あるいは、もしこのような攻撃について、未来を切り開くために議論しなければならないことがあるとしたら、それは何か。

攻撃の直後から私の周りでは、すぐさまアフガンへの攻撃の準備をはじめた米国と、九月一一日の攻撃による圧倒的な破壊と厖大な死者たちを前にして、「テロにも戦争にも反対」というスローガンが掲げられた。だがこの攻撃が、米国の世界支配への攻撃である限り、そして米国のこれまでの蛮行を決して許容しない立場に立つ限り、この攻撃を「テロにも反対」というだけで片付けてしまうことが出来ないことは、明らかだろう。とりわけその後のアフガンへ侵攻、そしてイラク攻撃といった現在に至る一連の軍事行動が、「テロとの闘い」という言葉で正当化されていくなかで、「テロにも反対」というスローガンは検討を迫られることになる。

ラテンアメリカの解放運動を支援してきた太田昌国は、九月一一日の攻撃の直後に、抵抗運動における暴力の問題を提起した。[*20] すなわち九月一一日の攻撃を、抵抗運動における武装闘争をどのように考えるのかという問題として受け止めたのである。太田が提起した問題は、極めて具体的である。それは、一九七四年から一九七五年にかけて、東アジア反日武装戦線により行われた闘争であり、それは近代の日本において一貫して東アジアの人々から収奪を繰り返してきた巨大企業への爆弾闘争である。[*21] また太田自身も、その後逮捕された東アジア反日武装戦線の人々への救援活動を行ってきた。

一九七四年八月三〇日に東京の丸の内にある三菱重工本社でおきた爆破では、八人の死者を含む多くの被害が出た。太田はこの爆弾闘争を、市民を巻き込むテロということだけで非難するのではなく、また主張は正しいが方法が間違っているという動機と手段を理性的に区分した社会学的分析でもなく、抵抗運動が武装に向かうその瞬間に眼を凝らして思考する必要性を、九月一一日の攻撃にかかわらせて提起したのである。それは、抵抗運動と米国の軍事攻撃を図式的に並べ、政治力学的に論評するといった、この数年マスメディアで毎日のようにくりかえされている内省的な契機を持たない態度とは、無縁のものである。太田の提起は、みずからの運動経験において、人を殺傷するかもしれない何らかの行動を、思考の対象にした人たち一人ひとりに向けられた問いかけに他ならない。この、自分の行為が人を殺していたのではないか、あるいは自分が支持し支援してきた闘いが人を殺してきたのではないか、という内省的な問いかけは、テロという問題を考える際には、極めて重要な前提だろう。

当時高校生だった私は、東アジア反日武装戦線の攻撃を、テレビや新聞でしか知ることはなかったが、その主張ではなく多くの死傷者が出たというその一点において、恐怖と嫌悪を抱いていた。そして、私にとっての武装の問題は、その後もっと矮小化されたかたちで登場した。大学生になって私は、いつしか、「帝国主義」、「人民」、「粉砕し勝利する」、「圧倒的な大衆的決起」という言葉を自在に組み合わせることによりどのような課題をも語れるようになっていた。いや正確にいえば、語ったつもりになっていたのである。だが一九七七年に大学に入学した時、一九六〇年代末から七〇年代にかけての学生運動の高揚の時代に生まれた言葉は、既に人々の心に届くものではなかった。世界を語るため初めて覚えた言葉が既に、人に通じない言葉だったのである。その結果、聞き届けられることなく空中に消えていくアジテーションよりも、いかに機動隊にダメージを与えるのかということこそが、抵抗を語る唯一のリアリティをもつ議論になっていった。私にとって言葉と抵抗の暴力は、お互い近傍にありながら、関係を結ばない存在であり、そのことは、言葉への不信と戦術的な暴力論への陥没を同時に生み出していったのである。

この関係を修復し、近傍にある暴力と言葉の間に新たな交流を探し出した時、フランツ・ファノンの一連の著作は、極めて魅力のあるものとして私の目の前に登場した。世界中で多くの読者を持つファノン作品を論じるには、まずもってそれが読まれた状況を明確にする必要があるが、私の場合、暴力を前に崩壊していった言葉を立て直す過程で、ファノンに出会ったのである。

私がファノンの作品においてもっとも腑に落ちたことの一つは、圧倒的暴力に支えられた秩序のなかにおいては、圧倒的な弱勢の位置から抗うということの困難さと、抗う自分を言葉にし、なぜ抗うのかという根拠を見いだすことの困難さが、不可分に密着しているということである。被支配者が闘いに立ち上がるという道筋を、何のためらいもなく語る者や、戦いの根拠を客観的に定義し、その必然を定式化するような説明に出会うたびに、私は自分自身のささやかな運動経験とともにファノンを想起する。

圧倒的弱勢の位置から抗うことの困難さは、まずは自己の崩壊を生む。「本当のところ私は何者なのか」(ファノン)。秩序に抗う困難さは、自己崩壊に耐えながら抗う根拠を問うことの困難さに直結するのである。そこでは、一方が戦術の問題であり他方が動機の問題という区分は無意味であり、秩序を変えるということと、自分が崩壊していくということは一つの出来事となる。

そしてこの自己崩壊にたえながら、それでも抗うことを見捨てることなく継続するために、なぜ抗うのか、抗う自分は何者なのかということを、問い続けるのである。精神科医でもあるファノンにとって精神疾患の臨床は、抗うことの困難さと抗う根拠の困難さの両者が、一気に噴出する現場なのだ。

解放運動の中で爆弾闘争を行った者が精神に病を抱え込む時、その精神疾患は爆弾闘争の戦術的是非の問題でも、たんなる医学的治療の問題でもない。武装闘争の渦中のなかにあって、ファノンがこの精神に病を抱えた者の傍らに立ち続けることを「革命の場における責任の問題」という時、ファノンは武装に走る一歩手前で新たな政治の言葉を捜し続けようとしていると私には思える。*22 それは六〇年代末から七〇年代にかけての高揚期に読まれたような武装闘争を声高に主張するファノン像とは異なっているだろうが、私にとってのファノンは、武装闘争の渦中にあっても言葉を見捨てず、したがって同時に暴力を戦術の問題に解消せず、精神に病を抱え込んだ者の傍らで、抗うことの困難さが刻み続ける痕跡を未来への希望として思考し続けるファノンなのだ。

そして九月一一日の攻撃にかかわって出された太田からの提起を、私はこうしたファノンという迂回路を通じて受け取ろうとした。だが同時に、このファノンという迂回路には、今の状況のなかで再び言葉を停止させていくのではないかという自分自身への不安が重なっている。ファノンから暴力的抵抗を読み取った人からすれば意外に聞こえるかもしれないが、ファノンの作品は私にとって、このどうしようもない状況のなかにあって、それでも言葉に未来をゆだねることを信じさせてくれる重要なテクストなのである。

毎日のようにテレビで映し出される戦場の光景と、その前で政治を語る解説者の群れ。メディアから何の躊躇もなくあふれ出すテロリストという言葉。テロであろうとテロとの戦争であろうと、戦争のスペクタクルが世界中に流通している。そして、圧倒的な軍事力の支配は依然として継続している。このスペクタクルに飲み込まれる手間で立ち止まり、抗うことの困難さが刻み続けた痕跡を未来へと繋げていこうとする思考こそが、今必要とされる「責任」なのではないだろうか。

ii　戦争スペクタクル

ところで九月一一日の攻撃をめぐる戦争スペクタクルを考える時、テロという問題と同時に、もう一つ少し角度の違う問いがある。テロとよばれる攻撃により命を落とした死者たちは、一体誰なのか。あるいは次のようにいっても良い。攻撃現場に居合わせたこの者たちは、誰なのか。

九月一一日の攻撃による死者たちは、米国人の死、ニューヨーク市民の死として幾度も宣揚され、死者の傍らにいた者たちの悲嘆を通り越して、「テロとの戦い」の根拠へと動員されていった。しかしこの死者たちは、一体誰なのか。

そこには、金融エリートと共に、清掃、洗濯、飲食、ビルの管理などに携わっていた人々がいる。路上に生活の基盤を置いていた人たちもいる。死者の国籍とされたのは、フィリピン、バングラディッシュ、トルコ、チリ、コロンビア、メキシコ、ドミニカ……。だがさらに、生まれた場所の生活基盤から引き出され、「非登録」(undocumented)としてマンハッタンに暮らしていた人たちもいるだろう。九月一一日の直後から死者の数をニューヨーク市長のジュリアーニが報告していたが、スラム・クリアランスを徹底していた彼にとって、この「非登録」の死者たちは、治安維持のためにすでに抹消すべき存在だったのだ。だからこそ、誰なのかという問いに対して、国家に所属する死者たちをあげるだけでは、圧倒的に不十分なのだ。死者たちの眼球には、たとえばメキシコの米国国境沿いに展開する輸出加工区に展開する企業のロゴマークが、あるいは生業を奪われ、国境の町ティファナまで北上した末に最後に立ちはだかる鋼鉄の壁が、あるいは壁越しにみえる国境警備隊の姿が、焼きついているに違いない。この者たちを理由にして、米国は軍事行動を遂行したのだ。

米国への攻撃により命を落とした者たちは誰なのか。なぜその者たちは、攻撃の現場に居合わせたのか。同じ問いを、現在進行している「人質事件」なるスペクタクルについても設定しなければならないだろう。米軍への抵抗運動のなかで人質になったのは一体誰なのか。ここでも国籍として浮き上がるのは、米国に加え、日本、韓国、インド、ケニヤ、エジプト、パキスタン、ロシアなど様々だ。そして「事件」のたびにメディアに浮かび上がる人々の顔は、どれも反米軍闘争ということからはしっくりこない人々である。またそもそもこの者たちがイラクに居合わせたのは、その国籍によるものだろうか。もちろん無関係ではないが、そこにはNGOの活動だけではなく、復興という名における資本の活動があるだろう。米英軍による軍事的占領と、資本の蓄積運動が同時に展開するなかで、軍や高官、あるいは企業エリートとともに、資本により購入された多くの身体たちがイラクに集まることになった。高スピードで流通する資本はすぐさま戦場に群がり、労働力を世界中から調達するのである。

「人質事件」への対応における国家は、ある時はその購入された身体の命を自己責任として管轄外におき、またある時は軍事行動の根拠として動員する。そこから見出すべきは、国家は資本を援助もするが疎外もし、また資本は国家の行動を邪魔もするが促進もするという相互に関連し合う二つの側面なのではないか。また資本に購入された身体は、ある時は棄民になり、ある時は軍事行動の根拠としてこれまでにも繰り返し動員されてきたのではないだろうか。そして「人質事件」をめぐるスペクタクルを前にして凝視すべきは、攻撃の場所に居合わせ、命を落とした者たちの、身体に刻まれた痕跡である。くりかえすがそれは、国家への帰属の問題ではない。

資本の中核センターとしての世界貿易センタービルと、その場に生活のすべを見つけ生き延びていた「非登録」の人たちを含む多くの者たち。あるいは復興にからむ新たな市場に群がった資本と、この資本により購入された多くの者たち。こうした者たちが、米国への、米軍支配への攻撃の場に居合わせたのである。そして命を落とした死者たちは「テロにより殺された死者」とされ、その死者には国籍が与えられ、攻撃はその国籍が示す国家への攻撃として了解されていく。

だがしかし、この死者たちがその場に居合わせたのは、資本の運動に包摂され、ある時は生業を奪われ、住み慣れた場所を追われ、生きる場所を求めてその場に行き着いた結果なのではないか。そして何よりも重要なことは、こうした者たちは、不断にテロリストへの予備軍として監視され続けた人々でもあるということだ。九月一一日の直後から急激に拡大しているレイシャル・プロファイリングやジュリアーニのこれまで所業を、あるいは現在日本で急速に展開している日本に移住してきた労働者への「犯罪者、テロリスト」を名目とした差別と排外主義を、思い起こせばよい。移動する人々は、「テロとの戦い」において監視と拘禁の対象になり、「非登録」の人々の権利は、問答無用で剝奪されている。

iii　居合わせた者たちの重なり合う経験

最近、日本にある米軍関連施設への攻撃計画があったことが報道された。いうまでもなくこうした報道自身、ある操作を含んだものであり、注意が必要であるが、そこから突如として浮かび上がる想像上の光景は、依然として九月一一日にかかわっている。

九月一一日、沖縄にある米軍基地は最高レベル警戒態勢「コンディション・デルタ」を発令した。同時に沖縄県警は県内におけるパトロール、ホテルの宿泊者チェックを開始し、また米兵は基地外で違法な警邏活動を展開した。テロリストの居場所として警戒の対象になったのは、基地周辺の住民居住地なのである。また今度のイラク攻撃では、米軍は住民から雇用された基地内のガードマンに銃を携帯させ、基地外から来る「不審者」の警備に当たらせた。このガードマンたちは自らの生きる生活空間に銃を向けさせられていたのである。そして私は、沖縄の米軍基地がもし攻撃されたらという想像を、抑えることが出来ない。そうなれば、基地で働く基地労働者、周辺住民も命を落とすかもしれない。テロとの戦いのなかで日常的に監視され、銃口が向けられている人々が、死ぬかもしれない。それは、日本への、あるいは米国への攻撃なのか。そしてこの死者たちは誰なのか。

テロリストして監視され、場合によっては殺されていく者と、テロと呼ばれた攻撃により命を落とす者は、その攻撃の現場において重なり合っている。そこにはまた、攻撃を実行した者たちもいるだろう。そして、攻撃により命を落とした者は、武装に向かった者たちの近傍にいるのではないのだろうか。資本に包摂され、生き延びるためにその場に居合わせた者たちと、暴力的鎮圧の中で圧倒的弱勢の位置から武装闘争に走った者たちの双方に刻まれた痕跡が重なり合う瞬間を、テロと戦争のスペクタクルに飲み込まれる手前の地点で、見出されなければならないと思う。解説つきで毎日のように流されるスペクタクルとしての攻撃の場を、個々の具体的な経験が出会い、重なり合う場へと変えていかなければならないと思う。だがいかにして。

依然として言葉を手放すことは出来ない。圧倒的な暴力による鎮圧が蔓延し、抗うことが極めて困難な状況のなかで抵抗を始めた者たちが、言葉を停止させ武装へと向かうとき、その断ち切られた言葉の端緒に繋がる次ぎの言葉を捜し求めるためには、テロと呼ばれる暴力の現場から眼をそらせてはならない。またそれは同時に、言葉を停止させ、暴力に駆られ、誰かを殺してしまうのではないかという自分自身への不安からも、眼をそらさないことでもある。

3 裏切られた希望、あるいは希望について
――文富軾『失われた記憶を求めて――狂気の時代を考える』をめぐる省察

i 光州の記憶

一九八三年、金時鐘さんは、「私は忘れない。世界が忘れても／この私からは忘れさせない」という言葉を冒頭に記し、『光州詩片』（福武書店　一九八三年）を刊行した。所収された詩の一つである「冥福を祈るな」の末尾には、

記憶される記憶があるかぎり
ああ記憶があるかぎり
くつがえしようのない反証は深い記憶のなかのもの。
閉じる眼のない死者の死だ。
葬むるな人よ、
冥福を祈るな。

とある。[*23]この詩では、一九八〇年五月の光州は、あらゆる冥福の言葉を拒絶したところに沈殿した記憶として、確保されている。この確保されている場所を表現するには、個的な体験も集団的記憶もとりあえず不適切な言葉であろう。また最も重要なのは、忘れようとする世界への拒絶だ。

だが、世界の何を拒絶しているのだろうか。「忘れるな」ではなく、なぜ「冥福を祈るな」なのか。そして、私はどうなのか。金時鐘さんがこの詩を記した時、私は光州の名をどのように受け止め、また語ったのだろうか。はたして、冥福を祈らなかったか。

一九七九年一〇月二六日、朴正熙大統領が暗殺された。一気に高まる民主化に対し、全斗煥らの軍部は実権を掌握、全国に戒厳令を布告し金大中を逮捕、これに抗議した光州市民は市民軍を結成し道庁を占拠、そして一九八〇年五月二七日未明、韓国軍空挺部隊は光州を鎮圧し市民を虐殺、同年九月に全斗煥は大統領に就任した。この全斗煥の就任ならびに光州への暴圧は、米国の軍事的支援と日本の急激に拡大した経済侵出に決定的に支えられていた。全斗煥と日米の連携が浮き上がるなかで、一九八二年三月一八日、文富軾さんは同志とともに、かつて日本の朝鮮植民地支配の機構であった東洋拓殖会社の建物であり、その後米国が引き継いだ釜山アメリカ文化院を攻撃、放火、闘いの過程で学生一名が焼死、文富軾さんは逮捕・起訴され、一九八三年、死刑が確定した。その後「特別赦免」をへて、文富軾さんは最終的に六年九ヵ月の獄中生活を送る。一九九五年、「五・一八民主化運動等に関する特別法」が制定、光州における決起は民主主義の戦いとして称揚され、鎮圧者は告発され、金大中は大統領になった。光州とは何だったのか。

文富軾さんたちは、釜山アメリカ文化院放火と同時に、釜山の有縫百貨店ならびに国都劇場において、自分たちの声明書を撒いた。

前略……光州市民を無残に虐殺した全斗煥ファッショ政権を打倒しよう。真正な統一を、見てくれのいい統一政策によって欺くな。韓国経済を日本経済に隷属させようとする一切の経済協商を中断せよ。*24（後略）

米国施設に対する文富軾さんたちの攻撃は、全斗煥ファッショ政権とともに、この日本にはっきりと向けられている。文富軾さんの『失われた記憶を求めて――狂気の時代を考える』は、二〇〇二年韓国で刊行され、二〇〇五年には板垣竜太さんの翻訳により日本でも現代企画室より刊行された。この本は当然のことながら韓国現代史のなかにあるが、日本語への翻訳を介して届けられた同書は、日本という国のなかで生きている私たちにかかわる。それはなによりも、朴正熙が元大日本帝国軍将校であり、光州鎮圧が日本の支援を背景にしているからであり、「韓国経済を日本経済に隷属」させているからであり、そしてとりもなおさず釜山アメリカ文化院が東洋拓殖の建物であったことが象徴するように、日本の近現代史それ自身が朝鮮半島における傷痕と怒りに密接にかかわっているからだ。

だが、それだけではない。「同書は私たちにかかわる」と述べたとき、そこにはすぐさま注釈が必要なのだ。すなわちこの私たちは、同書から喚起される私たちであり、私たちをどのように見出すのかという問いかけのなかに同書はあるのだ。また近現代史とよばれる歴史も、固定的な歴史主体があるかのように想定した上で描かれる時期区分的な歴史ではなく、私たちを見出すなかで遡及的に言及される歴史性であるに違いない。光州の名はいかなる関係を喚起し、その関係はいかなる歴史性のなかにあるのか。

二〇〇五年の九月、日本語版の同書の刊行のお祝いをかねて、文富軾さんは京都を訪れた。運動のたまり場であった懇親会場の柱には、「全斗煥来日阻止」のノリ張りステッカーと、黒の太字マジックで記された「金大中を殺すな」の文字があった。私と彼は、ワインで緩んでしまった表情を維持したまま、しばらくそれをだまって見つめていた。文富軾さんの同書は、こうしたスローガンが叫ばれたすべての場所と、このスローガンのなかで光州を語ったすべての人々への問いかけとして存在している。そしてスローガンなるものが、文字通り政治的存在としての私たちという問題と密接にかかわっている以上、問われているのは依然として、この私たちなのだ。そして私は、光州の名を確かに語ったのだ。

光州抗争の正当性について相変わらず内面では拒否しているにもかかわらず、私たちが「光州の聖化」に同意し、それが一日もはやく完了することを望んでいるのは、まさに私たち自身がその暴力に連累していたという事実を隠したいからではないだろうか。聖化された記憶は、決して危険ではない。また聖化の過程は実際の記憶を消す過程でもある。そうして「光州」以降二〇年が過ぎた今日の韓国社会は、どのような姿で存在しているのだろうか。その日の暴力と、その暴力の背後にあった私たちの欲望は消え去ったのだろうか。[25]

光州の名が民主化闘争の聖地として称揚されていったことに対するこの問いかけは、とりあえず韓国社会に向けられており、そこでは暴力に連累したにもかかわらず「光州の聖化」に身を寄せた人々が、批判の対象として具体的に想定されている。だがしかし、文富軾さんが暴力への連累を口にする時、そしてその背後の欲望を、「生産と消費に連結した」近代、[26]すなわち資本主義的欲望として見出すとき、決してこの連累は、ある主権国家に領域化された人々に限定された問いではない。そこでは、欲望を背景に構成される日常の多様なありようが具体的に検討されなければならないだろう。またこの問いは、これまで光州にかかわって想定されてきた被害と加害といった関係性も、この欲望を背景とした暴力への連累において問題化しようとしているのだ。

「私たちは単純な傍観者なのか、あるいは共謀者なのか」[*27]。文富軾さんがこう問うとき、この連累が見出されようとしている。さらにそこには被害者、加害者、逃亡者、そして行方不明者がつづくだろう[*28]。被害者とは、あるいは加害者とは誰なのか。そしていまだその存在すらわからない行方不明者は、この「光州の聖化」のなかでいかなる場所にいるのか。この行方不明者とは、加害者や被害者と並列的に並べられるカテゴリーではない。重要なのは、文字通り不明ということなのだ。すでに事実の明示がなされた後の聖化という事実判断が問題なのではなく、事実自身が不明であるということであり、それは不明を明示することに向かうだけではなく、そこには事実とは何かという問いが存在している。そして、いまここで問われているのは、「光州事件」という出来事を示し、その内実を構成する被害や加害といった事実自身が、欲望を背景とした暴力の連累の痕跡を、光州を示す事実の外へと廃棄しているのではないかという問題である。また行方不明者が光州を示す事実性を帯びだすということは、同時に光州の意味を担っていた被害者と加害者を中心に構成されてきた事実自身が、逃亡者、傍観者、共謀者、脱落者といったさまざまな名称へと換喩的に増殖していく事態でもある。こうした増殖については後段でも考えたいと思うが、この名称の増殖自体が、不明ということを力動原にしているのであり、それはまた暴力の連累の背後にある欲望が問題化されるプロセスでもあるのだ。

私は光州の名を知っている。だからこそ、一九八〇年五月、光州で繰り広げられた軍事的暴力と自分がどのように連累していたのかを、自らの記憶とともに問わなければならない。さらにそこで資本主義的欲望が問題化されるとき、既に連累してしまっている自分の日常世界を前提としてした上で、この問いを立てなければならないだろう。光州という名を自分は、どのように受け止めたか。

あらかじめ説明すれば、この問いかけは、私の個人的内省を意味しているのではない。国家の名において圧殺された光州が、国家の名において復権する時、文富軾さんはそのどちらでもない光州にむけて遡行していき、光州とはなんだったのか、自分の決起は何だったのかを問う。それは、彼個人の内省だけではない。同時に、欲望を背景にした暴力の連累のなかから別の未来への可能性を遡及的に見出すために、内省するのだ。この内省において出会う記憶とは、個人のものでもなければ、既存の集団に所属する集合的記憶でもない。集団の要素としての個人、あるいは個人の属する集団という同義反復を保証する一つの平面を定義した上で、個人と集団に記憶を分類して論じることが目的なのではなく、記憶を言葉にすることがいかなる関係性を生成させるかということが問題なのだ。可能性を見出すということは、この関係性にかかわる。すなわち、記憶を語るということが、語りだすその場において私たちの生成と重なっていなければならないと思う。[*29] またたからこそ、記憶は個人のものでも、あらかじめ想定された集団のものでもなく、未来の私たちにかかわるのである。同書における記憶への内省は、こうした私たちに向けて投機されているのであり、だからこそ私は、光州の名をどのように受け止めたのかを、問わなければならないのだ。

また誤解のないようにいえば、いまここで、一九八〇年代の日韓連帯にかかわる運動史を論じるわけでも、自分の経験を直に記すことを目指しているわけでもない。むしろ、運動体験にもとづいた言葉や既存の政治的言語を徹底的に排除し、同書における記憶への内省という問題設定にそいながら議論を進めていこうと思っている。だがそのためにも、一九八〇年五月の光州という名が、今もなお体の内部に湧きたたせる怒りと感動が絡まりあった情動から、文富軾さんのこの『失われた記憶を求めて』にかかわる言葉を始めなければならないと思う。いいかえれば、光州を語るという行為がいかなる情動を持つのかということを、あえて問題化しなければならないと思うのだ。それはまた、語るという行為を情動へと流し込まないためでもあるだろう。私はあの時、光州の名をどのように受け止め、そして語ったのだろうか。

ii　崩壊感

一九八〇年五月二六日夜、道庁を死守していた光州市民軍の最後の会議で、尹相元は次のように述べたという。

もちろん今晩私たちは敗北するでしょう。もしかすると死ぬかもしれません。でも私たち全員が銃を捨てて、このまま何の抵抗もせず、この場所を譲り渡すことは決してできません。そうするにはこの何日間の抗争はあまりにも熱く壮烈でした。いまや道庁はこの闘いの終止符を打つ場所となりました。……この夜明けを過ぎると、必ず朝が来ます。私たちは最後まで戦うでしょう。私たちを忘れないでください。*30

文富軾さんはこの彼の発言を、「しかし彼と同僚は朝を見ることはできなかった」という注釈を添えて、同書に記している。後段で私は、この尹相元氏の発言と文富軾さんの注釈を議論するつもりであるが、朝を迎えることのなかった彼の発言を読むとき、怒りのなかで筋肉を凝縮させていく自分がいる。この自分から議論を始めなければならない。だが語ろうとするとき、この筋肉を凝縮させ肩を硬直させていく自分の身体的反応に、かつて光州を語っていた時の自らの言葉への複雑な感触が伴っていることに気がつく。光州の名を再度語るには、硬直していく身体と自らの言葉の不可分に絡まりあうある種の隣接状態から、出発しなければならないのだ。それは一つには、抵抗の暴力について何かを語る際、自分自身のなかに沸き立つすぐさまいい表せない情動を、ここでは少しでも議論しようと思うからであり、同時に文富軾さんの文体にも同様の身体感覚を覚えるからである。この、下手をすれば言葉と身体として区分されてしまうような隣接領域を、言葉の方へ引き込むことが、あえていえば非身体的に変形させていくことが、この書評の目的でもある。

一九八〇年五月、私は大学生だった。ジープとトラックに乗り込み、力強く手をかかげた武装した若者たちの写真、あるいは空挺部隊の兵士が頭めがけて振り下ろさんとする棍棒を、無抵抗のまま全身で受け止めようと身構えている若者の写真とともに、光州の名は繰り返し登場した。私はこの若者たちと、そして文富軾さんと、ほぼ同世代だった。そして私にとって光州は、変えるために世界を語る言葉のなかに間違いなく受容されていったのである。まず、この光州という名を受容した言葉のありようを、意識的に問題化しなければならない[*31]。私は、「金大中を殺すな」というスローガンとともに軽々と光州の名を口にしていた。そしてそれは、金時鐘さんのいう「冥福を祈る」ことの近くに位置していたかも知れぬ。かつて光州の名を口にした自分にとっての言葉のありよう、あるいは光州という名の自分の言葉のなかでの所在を確認することなしに、四半世紀以上たった今、再び光州という言葉を口にすることはできないし、当時は直接には出会うことのなかった文富軾さんの同書について、何かを記すこともできない。

だがこうした確認作業は、光州という名の重大さをことさら強調するためでも、過去への内省なるものを、運動を論じるための道徳的公準にしようとしているわけでもない。またここで、当時光州をいかなる政治課題として具体的に闘ったのかという事を検討しようとしているわけでもない。これから問題にしたいのは、政治的主張の是非ではなく、政治という領域そのものであり、政治という領域と言葉との関係である。というのも、前述したように文富軾さんの同書が読むものに促すのは、光州の名を、民主化という政治課題の提喩として語ることではなく、政治課題という設定自身を問題化し、新たに政治なる領域を獲得していく起点として確保し続けることではないかと考えるからだ。同書を一九八〇年代の韓国民主化運動における運動経験の証言としてのみ受け止めることは、既存の政治の領域を動かしがたい前提として想定しているという点において、すでに同書の可能性に制限を加えているといえるだろう。そうではなく、同書で問われていることは、運動を運動たらしめている政治空間自身であり、その政治空間を政治空間たらしめる言語秩序自身である。

現在私は『インパクション』（インパクト出版会）という左翼メディアにかかわっているが、その創刊号（その時は『インパクト』だった）が発行されたのは一九七九年であり、「第三世界と日本」という特集を組んでいる。そして一九八〇年の七月に刊行された第七号には、運動情報として「光州人民・韓国人民は勝利する」という記事が登場している。アジと呼ばれるかつての自分の言葉のありようを意識しながら再度文章を書き出したのは、こうした雑誌の編集に携わり始めてからかもしれない。その一〇〇号記念号で、私は次のような文章を書いた。今から一〇年前のことである。この記念号の特集は、「八〇－九〇年代の運動の〈記憶〉から未来へ」とある。

私が大学に入学したのは、『インパクト』が発刊された一九七九年の二年前だった。当時私のまわりには、アジテーションを要求された時間分だけ行うことのできる友人が多くいた。私も含めて、「帝国主義」、「人民」、「徹底的に粉砕し勝利すること」、「圧倒的な大衆的決起により」という言葉を自在に組み合わせることにより、どのような「課題」をも語ることができたのである。そしてまさしく発話し続けるという行為のなかで、言葉への不信は増幅されていった。たぶんそれは、同じ言葉が圧倒的な力として作動するのを身をもって体験した世代とは、決定的に異なる時代経験だったと思う。

世代論を展開するつもりはない。だが、団塊の世代と新人類の間にあって「谷間の世代」と評された私の世代にとって、状況を語る言葉とは、まずもってそうした言葉が機能停止になっていく場に立ち会うことから始まった。誰一人聞くことのない空間に向かって、「この場を通行中のすべての学生、教職員のみなさん!」とアジテーションを続けているうちに、徐々に自分の言葉が崩壊しだすのを内心感じ始めていたのである。

またこうした自分の言葉に対する崩壊感は、暴力への傾倒と表裏一体だったように思う。いかにして機動隊にダメージを与えるのかという稚拙な戦術論のみが、唯一リアリティーをもつ言葉として存在し続けた。投げるのに最も適した瓶の形についての議論は、形骸化したアジテーションよりも数段現実感があったのである。だがこのような暴力は、圧倒的な機動隊の盾により粉砕されたとき、後に何も残らなかった。

『インパクト』創刊号に所収されている第三世界論はもとより、当時次から次へと訳出され始めていたS・アミンやG・フランクの議論をむさぼるように読んだのは、今から思えば、崩壊した言葉をもう一度組立て直そうとしたからだろう。そしてそこには、第三世界という別の世界への脱出という願望がまちがいなくあった。また言葉のリアリティは、第三世界にこそあるという勝手な思い込みは、身近なところに第三世界を見出そうということでもあった。[*32]（後略）

この気恥ずかしいエッセイを引用したのは、この文章が具体的な政治課題や運動のドキュメントであるからではなく、一九八〇年頃の私にとっての政治を語る言葉についての言語感覚とでもいうべき感触を、うまくいい当てているからだ。またここでいう「崩壊感」という言葉への感触は、手段に切り縮められた武装とともに、どこか他の場所を、向かうべき到着駅として思い描くこととも深く結びついていた。この崩壊感のなかでは、言葉は武装やユートピアと決して切り離すことができない一連の問題系をなしていたのである。

この政治的スローガンをめぐる崩壊感という言語感覚とは、分析的に導かれた政治的正しさをめぐる是非ではない。すなわち世界がすでに帝国主義ではなく、別の段階に移行していることが分析的に証明されたがゆえに、「帝国主義粉砕」というスローガンが誤りであったという問題ではなく、またその逆に現在が帝国主義であるがゆえに、そのスローガンが正しかったというわけでもない。この崩壊感とは、あえていえば、状況を生み出していく遂行的な力にかかわることである。スローガンは状況を生み出していく力を持ちえなくなりつつあったが、そのスローガンを反復する以外に他の政治的言語は見つからなかった。そこでの言葉の根拠は、言葉が状況を切り開いていく力をもつかどうかにかかっているのであり、衰えてきたことがわかりながら、それでも関係性を構築し状況を切り開くことができるがゆえに、「帝国主義粉砕」が反復されたのである。かかる意味では、その言葉を信じていたのだ。

だが問題は、言葉が新たな状況を生み出していく力を次第に持ちえなくなってきたということを、それ自体としては了解できていなかったという点にある。政治的言語における正しさとは、状況分析の正しさの問題であり、これが方針や路線の正しさを教導した。また政治の意義は、あらかじめ提示されている政治組織への動員力として測定された。ここで、状況を生み出す力と組織への動員は厳密に区別しておきたいと思う。そしてこの区別ができないまま、力を分析の正しさと動員の問題に帰着させていった。すなわち力の不全は、動員の縮小と分析の誤りとして換喩的に理解されたのである。またそこでは、分析的に導かれた正しいスローガンであれば人々は政治に参加するはずだという言葉と政治の一般的直対応を念頭においていたと思う。この分析的作業と政治の関係については再度検討しなければならないが、組織動員とは異なる政治を切り開いていくことにおいてこそ、分析という作業を確保しなければならないと考えている。いい換えれば、分析という作業において既存の政治組織への動員とは異なる力を生み出すということである。*33

ともかく、「帝国主義粉砕」は、動員の政治を念頭に置く限り、ただ空に消えていく言葉だった。にもかかわらずそれを発話する時、そこには今の政治では汲み取れない何かが始まっていたのではないか。空に消えていく政治的スローガンをたんに政治の停止としてのみとらえることがどうしても受け入れられないのは、この何かを手放したくないからである。しかしその始まりは、とりあえず政治的意義が見出せない言葉を、それにもかかわらずひたすら信じて主張することから生まれる崩壊感、すなわち信じるということと信じられないということが、それぞれ別の文脈において生じているにもかかわらず、それを修復可能な同一平面で理解しようとすることが、崩壊感として、私のなかに刻印されている。そしてその崩壊感を、稚拙な手段に切り縮められた武装と、より優秀な普遍的分析への希求と、そして政治が力を持っているように見える他の場所のモデル化において補填しようとしたのだった。そして補填しようとすればするほど、埋めきれない空白が浮かび上がり、崩壊感をより一層かきたてた。

私にとって一九八〇年五月の光州の名は、この崩壊感のなかで受容されたのである。それは、崩壊感を一気に払拭する希望としてあった。そして、あの光州の名に付着していた希望は、今どこにあるのか。振り返って再度希望を語ろうとする時、光州が一方では自分を取り巻く状況を切り開く言葉として、他方で武装への肯定感と共に目指すべき場所としてあったということを、私は崩壊感とともに確認する。そして後者に紛れ込んでしまった前者の胎動を確保する必要があるのだ。こうした作業を自分に課すとき、文富軾さんの本についてようやく何か記すことができるように思う。韓国現代史における民主化運動の証言としてではなく、もう一度自らの希望を語るために、一九八〇年五月の光州を語りなおすことができるように思うのだ。

iii　裏切られた希望[*34]

運良く生き残ったと思っている人たちは、自らが足で踏みしめている現在が、過去に存在していたある希望を裏切った結果から構成されているという事実を回避することによって、不幸となりうる危険性に対して処することができた。ある種の合意によって構築された「公式的」な記憶の他には過去に戻りうるあらゆる記憶の橋を撤去してしまった人たちを支配しているのは、自分自身ではなく、過去から解放された現実の新しい権力であろうから。[*35]

ここで文富軾さんがいう「公式的」な記憶とは、たとえば前述した「五・一八民主化運動等に関する特別法」にかかわることであり、同法は、光州における民主化闘争を国家の法において承認していく存在としてとらえられている。文富軾さんは、この民主化という希望の法的承認に、あるいはその承認の中で立ち現れる権力に対して、希望への裏切りという問題をさしはさもうとする。ここで、「公式的」記憶とは決定的に異なる、裏切られた希望にかかわる記憶という問題が浮上するだろう。この裏切られた希望にかかわる記憶が否認されるということと、「公式的」な記憶が現れることと、そしてなによりも権力が構成されるということが、一連の事態として一気に見据えられているのだ。

だが注意すべきは、この「新しい権力」は、裏切りとしては登場しない。裏切りにもかかわらず希望の制度化として現実化する。すなわちここでいう希望への裏切りは、あえていえば民主化の記憶の回復、すなわち希望の回復のなかで引き起こされている事態なのである。そして問題は、希望が回復されたこの現実のなかで、もう一度希望を語るということなのだ。それは、裏切りを指弾し、真の希望を回復させることなのか。あるいはこういってもよい。希望とは裏切られる前の状態のことなのだろうか。裏切られる前の過去を正しく復権させることが、希望を再度語ることなのか。それは依然として、回復でしかないのではないか。そして、希望をめぐる民主化のスローガンは、何故に希望なのだろうか。

　いつの頃から使われ始めた「記憶の政治」という概念も、ただ「忘却の政治」の反対側に自らを位置づけ、過去に起きたことの単純な復元を通じて歴史的な啓蒙効果を提供するにとどまるのならば、当初の期待とは異なり、欺瞞の技術に転落しかねない。[*36]

　このように文富軾さんが述べるとき、裏切られた希望と裏切った現実をたんに対抗的に想定することではない希望のありかが、要請されている。状況の生成としてある希望。既存の秩序において構成された関係性とは異なる関係性が、遂行的に生み出され、既存の制度を批判する運動へと生成し続ける過程それ自身が、希望となる。言葉への崩壊感のなかで光州の名を受け取った私が、出発点として確保したいのは、この生成過程としての希望だ。希望にかかわる政治的スローガンが的確であるのは、普遍的真実性を帯びた正しさというよりも、それが状況を生み出す力であるからだ。[*37] そしてその力は、制度を批判しながら制度を生み出すだろう。ならば、希望が不断に新たな関係性を生み出し、その関係性がある制度を導出するとき、その制度は希望を裏切ることはないか。乱暴に言ってしまえばそれは、運動団体や前衛党、さらには主権的機構の問題である。解放は解放戦線に占有されるのか。革命は前衛党を中心とした秩序においてのみ達成されるのか。そして民主化は民主化闘争を闘う運動体に帰着されるのか。あるいは、国家。

既に運動が導出した制度が疲弊し、思ってもみない結果を生みつつあり、にもかかわらず状況を生み出す希望の言葉が変わらないときに、そこには常に、この裏切りの問題が既に存在する。希望にかかわる言葉が言葉への崩壊感を伴うのは、まさしくその言葉が生み出す関係性が制度として登場するということと深くかかわっているのだ。そしてより肯定的にいえば、この崩壊感は、希望が制度ではなく、状況を生み出していく力として依然として確保されていることを示す徴候でもあるだろう。そこには、状況生成へのリアルな確信と、それが疲弊した制度でしかなく、結局は幻影なのかもしれないという不信があるだろう。いいかえれば希望にかかわる夢の言葉の所在は、状況を切り開く力としてのリアルさと、それが制度として現実化したことへの幻滅の間にある。そしてこの裏切りを、裏切り前の神聖な希望と、裏切った後の偽りの現実に区分けして都合よく了解するのではなく、それを、希望が生み出す状況と制度の問題へとしっかり据えることこそが必要なのだ。このように裏切りの問題が据えられたとき、政治の言葉は、いかなる言葉であれ、修復不可能な崩壊感に不断にさらされることになるだろう。*38

生成と制度が剥離し、制度が歴史の主人公として無理に構成され、その結果、歴史はその背後に傷痕を散乱させていく。そしてその散乱した傷痕を、文富軾さんは希望として再度未来へ向けて語りなおそうとするのだ。それは極めて具体的な場面、文字通り裏切りの場面に密着することでもある。たとえば運動における尊い犠牲。さまざまな夢が現実化するなかで生じた否定的な意味を帯びるさまざまな出来事は、この言葉により納得することが求められた。だが文富軾さんは、それを拒否する。納得するよう求められた尊い犠牲は、実現されるべき希望と天秤にかけられる錘ではなく、希望が裏切られた瞬間を、その全存在をかけて示しているのではないか。これまであたりまえのように繰り返されてきた、「それは運動の前進のためには仕方がないことだ。もし批判するなら代案を出せ」といった犠牲の処理方法を拒否し、そこに希望が別物に姿を変えてしまう臨界を発見することこそが必要なのではないか。犠牲、逃亡、粛清、裏切り、傍観、敵対……希望が運動として展開し、運動が制度を持つときには、さまざまな場所で生じ多様な政治的性格をこめて語られるこうした事態がある。希望が裏切られ散乱した場面を具体的に見出すということ、そしてそれらのシークエンスから再度希望を構成していくこと、これが同書がやろうとしていることに他ならない。

私たちは道の上で、ある瞬間、道を見失った。[*39]

一九九九年の「民族民主革命党」事件に際して、一九八〇年代の「主体思想派」の運動についてこう文富軾さんは述べた。同事件についての文富軾さんの文章については後述するが、重要なことは、それが運動の否定では断じてないということだ。文富軾さんがこのように問いかけるとき、希望が裏切られた具体的場面が想定されている。道を見失った瞬間の散乱するシークエンスから、見失う前の正しい私たちへの回帰ではなく、また見失った道をそのまま猛進する私たち、あるいはすべてを捨て去り過去から逃亡する私たちでも断じてなく、別の私たちを見出そうとしているのだ。この短い引用文は、逆から読まれなければならない。すなわち、「道を見失った」、「瞬間」から、もう一度、「私たち」が、生成する。そして、文富軾さんの困難さはここにある。既に私たちは道を見失っているのだ。希望は既に見失われ、裏切られているのだ。この困難さについては、最後に考えようと思う。

iv　命をかける

ところでこの困難さとも密接にかかわるが、希望が裏切られる瞬間に生じる犠牲という問題は、運動が制度として登場するということだけではなく、その運動が軍事化するという問題がそこには含意されている。いわば対抗暴力にかかわる問題である。

私は自分の運命を変え、またそのことで私の魂の傷と負債になった一つの事件を通じて、自らを反省することができるようになったことを感謝している。私は「命をかけて闘う」ということばをあまりにも簡単に使った。「極端な道徳」！ それはもともと私たちのものではなく、朴正煕のようなファシストたちのものだった。[*40]

ここで言及されている事件は、自らが行動した釜山アメリカ文化院への攻撃を指している。前述したように、この闘いのなかで、学生一名が亡くなっている。だがここで文富軾さんは、命の尊さを「道徳」的に語っているのではない。武装闘争は往々にして命の尊さにおいて非難されるが、武装闘争それ自身も「極端な道徳」に既に占有されている。ここで設定されている問いは、暴力を手段として切り縮めたうえでなされる二つの道徳の選択ではなく、暴力にかかわる主体化の問題である。この問いのなかでは、自分たちの運動が「ファシスト」になる瞬間が、見据えられているのだ。すなわちそれは、状況を切り開く力としての希望が軍事組織に置き換えられる瞬間である。またそれは、国家の暴力装置を前にして、「命をかけて闘う」と叫んだときの身体的な怒りが、既に軍事組織に繋がっているという問題でもある。

この繋がりは直線的なものではない。また焼身決起のような単独行動と組織的な軍事行動を同列で扱うこともできない。後述するように、単独性と組織的軍事行動は、人数の問題とは異なる形で峻別しなければならない。だがそのためにも、「命をかけて闘う」と叫んでしまう情動と集団的組織の繋がりを凝視しなければならないのだ。あるいはまたそれは、言葉への崩壊感が、既存の組織への動員力と稚拙な手段としての武装に補填される事態でもある。武装において崩壊感が補填されるとき、運動を軍事的メタファーで語る傾向が生じることを、私は知っている。まただからこそ、二つの道徳において暴力を一般的に裁断するのではなく、抵抗の暴力と軍事組織の間に眼を凝らし、裏切られた希望の残骸を見出すために、私は、怒りで身を硬くする自分を忘れてはいけないのだ。

先に述べたように、文富軾さんは尹相元氏の「この夜明けを過ぎると、必ず朝が来ます。私たちは最後まで戦うでしょう。私たちを忘れないでください」の発言に、「しかし彼と同僚は朝を見ることはできなかった」と注釈を添えた。そしてこの注釈に際して、ガッサーン・カナファーニの短編『ガザからの手紙』が、折り重なるように引かれている。このカナファーニの短編は、カリフォルニアにいる友人への手紙という形で展開する。語り手である「ぼく」が姪のナディヤを見舞った際、姪のナディヤの足は、大腿骨から切断されていた。イスラエル軍による爆撃から幼い弟たちをかばった結果である。ガザからの脱出を考え続けていた手紙の主である「ぼく」

は、そこで自問する。「ナディヤは自分を救うことができたはずだ。逃げて、脚を失わずに済んだはずだ。しかし、ナディヤはそうしなかった。なぜ？」。そして末尾はこう結ばれている。それは、「ぼく」に米国に来ることを勧めるサクラメントに住む友人に向けての呼びかけだ。

友よ、帰れ！　ぼくたちはみな、きみを待っている。[*41]

ナディヤの脚は、尊い犠牲なのだろうか。いや決してそうではない。カナファーニのこの小説は、そのような納得を拒否しようとしている。だが私にはどうしても、帰還すべき場所としての「ぼくたち」を高らかに唱えるこの最後の呼びかけが、奥深いクレバスを一気に飛び越えている気がしてならない。それはこの小説の文意というより、呼びかけを圧倒的に支持し、身を硬く凝縮させてしまう自分にかかわることである。「ナディヤはそうしなかった。なぜ？」から、「友よ、帰れ！　ぼくたちはみな、君を待っている」へと一気に身体を整えてしまう自分が、今も依然として存在するのだ。そしてだからこそ、もう一度この「なぜ？」に、自分をさし戻そうと思う。[*42]

しかし彼と同僚は朝を見ることはできなかった。ナディヤも自らを救うことができた。道庁の市民軍たちも。しかしかれらはそうできなかった。なぜ？[*43]

朝を見ることのなかった市民軍たち。尹相元氏の「この夜明けを過ぎると、必ず朝が来ます」の発言に身を硬くし、光州に続けと叫んでしまう自分が、「光州の聖化」の近傍にいることに気がついたとき、この「なぜ？」に自分をさし戻さなければならないと思う。その時、文富軾さんのこの、「しかしかれらはそうできなかった。なぜ？」という注釈を、私は読むことができる。そしてこの注釈が、一九八二年の大邱高等法院での文富軾さんの最終陳述と重なることに気がつくのだ。一九八二年一二月一三日、大邱高等法院は金鉉奨氏と文富軾さんに一審と同じく死刑を宣告した。文富軾さんはそこで、「私は今度の放火に私のすべて、私の生命までかけました。私の命を投げ出してこの民族と世界に期待をかけました」と述べている。「私は「命をかけて闘う」ということばをあまりにも簡単に使った」。そして最終陳述は、次のように結ばれている。

神が欺かない限り、われわれは必ず勝ちます。持てるものがあるとか、われわれが強いからではなく、われわれが正義と世界史の流れの上に立っており、彼らがその流れを拒否することの上に立っているからです。夜は長くとも、明日は来ます。私は低い声で叫びます。民主主義万歳、民主主義万歳、民主主義万歳。*44

この最終陳述の時点において文富軾さんは、死刑攻撃を前にして、朝を迎えることのない位置に間違いなくいたはずだ。死を前にして文富軾さんもまた、「明日は来ます」と低い声で希望を叫ぶ。そして今、文富軾さんは、一九八〇年五月二六日の夜、「この夜明けを過ぎると、必ず朝が来ます」と叫んだ人々に対して、そして死刑攻撃を前にして「明日は来ます」と叫んだ自分自身に対して、「朝を見ることができなかった」という注釈を携えて遡行していく。

粉砕されることが現実として迫り、自らの死がごく近くまで忍び寄るその瞬間に、明日は来ると言い放つ時、すなわち圧倒的な弱勢の位置から今は解放の前夜なのだと叫ぶ時、その言葉は別の未来を担おうとしているだろう。そしてその状況を切り開く力を認めた上でもなお、事後的に提出される注釈は、「朝を見ることができなかった」ということなのだ。すなわち文富軾さん自身が低く叫んだこの「明日は来ます」が、未来を切り開く力を持っていたことを認めたうえでもなお、いや、認めるがゆえに、その言葉においてやり過ごしてしまった時間を問い直すことを抜きにして、希望を担う新たな言葉を打ち立てることはできないのである。だからこそ、「朝を見ることができなかった」という注釈が投げかけられているのである。

ここでは、抵抗の暴力や命をかけて闘うことの一般的な是非を問題にしているのではない。暴力にかかわる議論の一般化は、既にモラルに汚染されている。この注釈が行わんとしているのは、軍事組織に置き換えられてしまった状況を切り開く力、すなわち希望を、再度確保するため、既にやり過ごしてしまった歴史を遡及的に検討することなのだ。明日は来るという言葉がもつ状況を切り開く力の肯定と、それが軍事組織として登場したことへの否定が混在した地点において希望を再出発させる起点を確保するために、「朝を見ることができなかった」という注釈を加えられているのだ。この注釈のなかでは、「明日は来ます」という自らの言葉は、力において承認されつつ、その力が導出した制度において批判される。その時言葉は、やはり、ある種の崩壊感を帯びだすだろう。

力が結局のところ既存の組織や制度への参加において置き換えられていくならば、言葉の政治的意義は参加という機能において明確に定義され、制度や組織によって構成される既存の政治領域というベクトル場においてその意義は、ベクトル量として普遍的な様相を帯びるだろう。他方、政治の領域を構成する組織や制度自身に帰着しない力の領域は、遂行的な意味を生みながらも、普遍化されない特異性を帯びる。だがしかし、別の政治に向かうべき特異点は、既存の政治の個別事例としてすぐさま読み替えられるかもしれない。朝を迎えることのなかった尹相元氏の発言を読み、筋肉を凝縮させる自分は、依然として光州の名を美化し、武装蜂起の犠牲者として称揚する政治の近傍にいる。それは文富軾さんが裏切られた希望の破片を求めて光州を語れば語るほど、その希望を光州に癒着させ、代表的個別事例として美化する意味を帯びだしてしまうという困難さの問題でもあるだろう。あつめられた残骸を既存の政治において意義づけてしまう困難さ。文富軾さんが、暴力の連累を問題化しようと「光州抗争はなぜ孤立したのか?」と問うとき[*45]、同時にそこでは、民主化の偉大さを顕彰する既存の政治の個別事例へと、光州を再度封印してしまう危険はないだろうか。なぜなら、既に希望は裏切られているのだ。

ところで、光州が名誉回復というかたちを取るのに対し、「鋼鉄書信」を書き、「主体思想派」の中心人物であり、公安機関にすりよった金永煥と、獄にとどまり「立派に負ける」ことを選んだ金京煥を対比的に論じている同書の第五章は、あえていえば、運動の敗北にかかわる。民主化運動が国家を再定義し、かつての死刑囚が大統領になる韓国の瞠目する状況を前に、戦犯がすぐさま復権し、靖国参りを繰り返す者たちが首相であり続けるこの国を、どうしても韓国と対比的に論じてしまいがちになるが、第五章の敗北にかかわる省察はそうではない。「私たちは道の上で、ある瞬間、道を見失った」。そして次のように続く。

一つの運動の実験が失敗したからといって、これに献身した人が傾けた激烈な努力がすべて無意味なものとして取り扱われたり、消されてしまうべきではない。過去の連帯運動が非合法前衛組織だけだったわけではないし、仮に前衛組織の運動が無謀だったと判明したとしても、誰よりも熾烈で献身的な人たちを呼び寄せたこの運動が、一つの社会に与えた影響をすべて否定的に評価するのは、穏当な態度ではないだろう。[*46]

敗北を運動や制度に置き換えて納得するのではなく、「社会」において受け止めたとき、敗北は異なった表情をみせ、消されるべきではない希望が輝きだす。変わらない夢を何かにたとえ、敗北をそいつのせいにするのではなく、「立派に負ける」ことを選んだ金京煥。この金京煥の場所から照らし出されるのは、希望の実現のなかでクレバスを帳消しにする者と、運動を失敗として否定するなかで希望自身を流し捨てる者が、希望を制度において操作できると無理に思い込もうとしている点において、すなわち希望を何かにたとえて実現なり敗北なりをきめこんでいる点において、同一平面に存在しているという光景だ。表面的には運動の勝利と敗北に分かたれる両者とも、ナディヤの脚を前にして発せられる「なぜ?」を、無意味なこととしか受け止めないだろう。そしてこの「なぜ?」は、勝利した者と敗北した者の間で挟撃にあうだろう。だが問われているのは勝利か敗北かではなく、勝利であり敗北なのだ。あるいは敵と味方。希望が既に裏切られている状況のなかでの困難さは、どうしても敵と味方が再出してしまうということだ。そして見出された希望を勝利の代表例としての光州に癒着させてしまうという問題は、金京煥と金永煥の対比においても依然として存在するだろう。この希望を論じることにかかわる困難さについては最後に述べるが、怒りで筋肉を凝縮させクレバスを飛び越えてしまいそうになる私にとっては、だからこそ崩壊感が必要だったのだ。クレバスの底を流れる、融けた氷の水脈へと、遡行しよう。

v 残骸の顔——ごろつき、精神疾患、そして敵の傷

ある希望が制度を導出し、制度自身が希望として現出するとき、その背後には裏切られた希望が散乱している。その破片は、犠牲者や逃亡者や粛清された人々といったさまざまなレッテルを張られながら存在するだろう。そして文富軾さんはこの破片を希望の始まりとして再度かき集める。この夢の残骸からはじまるのは、壊れる前の夢の復元ではない。夢は既に残骸としてのみ存在し、そこから構成されるのは、いまだ存在したことのない未来である。

前述したように、希望が運動として展開し、運動が制度を持つときに、犠牲、逃亡、粛清、裏

切り、傍観、敵対といった多様な政治的性格をこめて語られる事態がある。またこうした政治的性格は、機軸のところで勝者と敗者、敵と味方という政治構図に支配されている。そして、残骸から新たに未来を構成する作業は、こうした多様な政治的性格を帯びる言葉が指し示す事態を、丁寧に言い換えていくことでもあるだろう。とりわけ重要なのは、多様な性格を全体として統括する敵と味方という極めて強い磁場である。犠牲は顕彰され、逃亡は糾弾され、粛清は場合によっては復権され、裏切りは報復にあい、傍観は反革命として敵対扱いされ、粛清される。この多様な言葉は、結局のところ一つの政治空間の中で配置されているのだ。だがしかし、それは別の政治に向かうべき希望の残骸でもあるのだ。既存の政治において再度封印されることに抗いながら、未来に向かうべき残骸をひろい集めて行かなければならない。

たとえば同書の第四章でとりあげられている「三清教育隊事件」は、社会的に「ごろつき」とされ、暴圧された人々にかかわる。光州鎮圧の三ヵ月後の一九八〇年八月一三日、全斗煥は「社会悪の一掃」を掲げ、わずか一〇日のうちに三万人余りの人々を検挙した。こうした人々は三清教育隊に連行され、そこでの「教育」と「勤労」の過程で、五四人が死亡、三九四名が後遺症後、死亡、四人が行方不明、二七六八名が身体に障害をもつにいたったが、民主化闘争の犠牲者としては語られることはなかった。こうした人々は、チンピラであり、やくざであり、ごろつきとして社会的に扱われていた存在だったからである。

たしかに同書で指摘されているように、民主化という政治的スローガンを明確に掲げた光州抗争への鎮圧と、ごろつきと見なされた人々への排撃には、違いがあるだろう。[*47] だが、この事件において問われているのは、ろくでなしと見なされた者たちを、社会の悪として隔離し排撃しようとする日常こそが、軍事的暴力を社会において承認し、支持をあたえていることではないだろうか。光州を鎮圧した軍事的暴力が社会に対していかに連累を保ちつづけているのかという問題は、まさしくこの日常のなかに浸透した、ろくでなしへの排撃をめぐって、問われることになるのだ。問われているのは私たちの日常であり、ろくでなしを政治の外へと追いやっている既存の政治構図を、日常批判を通して再度構成しなおさなければならない。そしてその作業は、場合によってはすべての日常を敵に回すような事態に立ち入るだろう。そして今考えたいのは、既存の政治構図と、このすべての日常を敵に回すような日常批判の接点だ。

ところで、こうしたろくでなしとともに、同書においてたびたび言及されるのは精神疾患を持つ人々である。同書では、軍事主義のなかで生を営むがゆえに精神に変調をきたす人々から、社会に浸透する暴力の連累を見出そうとしている。「光州を語る人が多くなるほど、むしろ耳と口を塞ぎ、それを自らの記憶のなかから消し去ろうと必死になっている人たち」[*48]。光州の名が公的記憶として復権するなかで、光州の名を記憶のなかから消し去ろうと必死にもがく人たちがいる。だがそれは、忘却ではない。むしろ意識の底に抑圧し、抑圧すればするほどその存在に気づいてしまうというたえがたい傷としての記憶であり、いわば真の意味での記憶の問題だ。光州の名は、抑圧されたたえがたい傷の問題でもあるのだ。

そしてそれは、光州の市民軍を暴圧した空挺部隊も例外ではない。そこで浮上する重大な問題は、心に刻印された傷は、加害と被害、あるいは敵と味方において論じられる被害と一致しないということだ。それはまた、暴力が明確な軍事的対立ではなく社会に浸透する連累として発見されることでもあるだろう。だが同時にそれは、暴力の連累を心の傷一般に解消することでもない。被害と傷の接点に、遡行しなければならない。

投入された空挺部隊のその兵士は、除隊後に襲われた対人忌避症の末、錯乱状態に陥り、兄の妻を殺し、甥に怪我を負わせ、治療監護所に監置された。彼は光州を意識の底に抑圧しようともがいている。文富軾さんはこうした兵士に言及し、回復された光州の名ではなく、その背後に押し隠されていくもう一つの傷としての光州から再度希望を語ろうとする。追悼され、称揚される光州に対して傷として封印された光州の記憶。だが、この治療監護所の兵士は、同時に、「何の疑いもなく銃を撃ち、剣を振り回した」兵士でもある。[*49] 許すことのできない殺人者の傷。許すことのできない裏切り者の傷。尹相元氏の最後の言葉に身を硬くし、怒りを臓腑に感じながら敵として見定めた兵士と、未来を語ろうとする時の兵士の傷。希望の残骸を語りなおそうとする文富軾さんの記述は、この二人の兵士の間を、行きつ戻りつしながら、遂行されている。「その日そこにかれらを助けるために駆けつけた人は誰もいなかった」[*50]。光州の孤立した闘いに対して文富軾さんがこのように語るとき、たしかにそこではまず欲望を背景にした暴力の連累が問題にされ、そこから再度希望が語られようとしている。だがしかし、同時にそこには、何の疑いもなく銃を放った兵士への憎悪、そして孤立した闘いを光州に強いた人々への怒りが押し寄せる。そしてその怒りは、なによりも、自分の友人たちと自分自身に拷問を加えた殺人者、また自分たちの存在を密告し、殺人者に支持を与えていた「観客」たちにも向けられている。

そこには同時に殺人者に歓呼し支持を送っていた観客、冷笑したり感情のこもっていないまなざしで犠牲者を眺めていた観客、消極的または積極的な傍観者を自任していた観客、時おり席から飛び出て犠牲者に石を投げたり唾を吐いたりしていた観客、あるいは殺人者を呪い犠牲者を不憫に思って眺めながら涙を流していた観客がいた。[*51]

敵を見定める激しい怒りと噴出す憎悪が、丁寧に希望の残骸を拾い集める文富軾さんの文体に不意にさしはさまれ、文体自身を侵食していく。それは、命をかけて闘う相元氏の最後の言葉からその身を剝がすことの困難さでもあるだろう。そしてくりかえすが、この困難さは、希望が制度になり、いつしか別物になってしまう事態から、希望をもう一度再出発させるためには避けては通れない起点でもある。既に希望は見失われているのであり、その上で政治空間が成立している。だからこそ怒りにさいなまれながらジグザグと進む文富軾さんの文体は、多くの者が避けて通る道に、あえて入り込んでいる証左であるともいえるのだ。

その際、重要なことは、文富軾さんにとって怒りとともに見出される敵対関係は、味方としての私たちを保証しないということだ。殺人者への怒りは、観客への怒りでもあり、したがってこの怒りこそが、希望を別物として現出させてしまった制度に安住する私たち、そして自分自身への批判に、繫がっている。命をかけた闘いが、犠牲者として称揚される英雄たちのものではなく、決定的な弧絶のなかにあることを見据えることにより、市民軍が叫んだ「必ず朝が来ます」、そして自らの「明日は来ます」という言葉が持つ力を、その力が制度におきかえられていく歴史から引き剝がそうとするのだ。「朝は来ます」は、闘う私たちを保証するための勇ましい言葉ではない。この言葉がなそうとしているは、危機を煽りながら進められる仲良しクラブ的な仲間作りとは無縁の行為なのだ。

確かに決意を迫る勇ましい言葉は、仲良しクラブ作りにうってつけだ。だからこそ、この危機煽りから離脱するために、「朝は来なかった」という注釈が遡及的に付加される。そして「明日は来ます」と叫んだ自分に「朝は来なかった」という注釈を付加することにより開始されるのは、自らが希望の残骸に変態し、その変態の過程において散乱した傷や残骸に出会い直すことなのだ。それは、これまでの政治空間に対して新しい政治を悟性的に描くことでは断じてない。暴力の連累を社会において受け止めるということは、単に分析対象として社会が設定されることではないのだ。求められている作業は、犠牲者化を強いる政治に対して新しい政治を一般化された傷の問題として描くことではなく、身を硬く凝縮させながら主張される政治の言葉を力において継承し、制度において拒絶しながら遡及的に語りなおすこと、すなわち政治を崩壊感において語りなおすことに他ならない。またこのような作業において、その作業者自身が、力と制度の間、すなわち希望の残骸へと生成する。あえていえば、怒りに身を硬くしていく事態に対する言葉への崩壊感こそ、この希望を再出発させる起点を確保しているのである。敵対性のなかから力の要素を救い出し、仲良しクラブを拒絶するには、崩壊感という言葉の水準が必要なのだ。また、空挺部隊の兵士の精神疾患という傷を疾患から解放するには、この言葉の水準がぜひとも必要なのだ。[*52] 病状として判断される言葉と崩壊感漂う言葉は、新たな空間へ向かう。

vi 弧絶、あるいは約束について

政治を、崩壊感において語りなおすこと。それはまた、この崩壊感が整地され、敵と味方が明確に描かれた政治空間において、文富軾さんがあるときは英雄として称揚され、あるときは裏切り者として排撃される事態ともかかわるだろう。ジグザグ進む文富軾さんの道程は、言葉への崩壊感など微塵もない舗装された政治過程において適度にツマミ食いされ、また捨て去られるだろう。文富軾さんの文章が決定的な困難さを抱え込むのは、この食い荒らされていく道程だ。

今度の日本語版において、あえて訳されなかった章がある。それは原著の第五章「暴力と蜃気楼――あの日そこで罪を起こしたものは誰もいなかった、しかし」である。一九八九年五月、釜山の東義大学における学生と武装警官の対峙のなかで発生した火災により、警察官七名が亡くなった。この「東義大事件」では、学生たちに対しては放火殺人犯として無期懲役を含む重刑が下されたが、二〇〇二年四月、民主化補償審議委員会は事件にかかわった学生四六名を民主化運動関係者として名誉回復したのである。この警官の死が、空挺部隊の兵士の傷と同様、極めて困難な道程を文富軾さんに求めることは明らかだろう。そして彼はそれを引き受け、第五章が書かれたのである。この章は、書下ろしであるにもかかわらず、本の刊行前から論争の的になった。そして民主化の英雄として称揚された文富軾さんは、その過程で多くの批判を浴びることになる。[*53] そしてこの第五章が、日本語への翻訳に際して外されたのである。

日本語版の同書を読むという行為は、原著の第五章の欠如を前にして、その欠如をいかに読むのかという事が問われることになる。欠如を埋めるべく原著の第五章を読めばいいのか。あるいは、欠如をただ欠如として、眼中から放り出せばいいのか。板垣竜太さんによる同書の「訳者あとがき」にあるように、原著第五章が訳されなかったのは、書き直したいという文富軾さんからの強い要望にもとづいている。翻訳者の板垣竜太さん、ならびに日本語版の出版を引き受けた現代企画室の大田昌国さんは、この削除の決定に際して、書き直された原稿をかならず日本語に翻訳し刊行することを、文富軾さんと約束している。まずもってこの約束は、日本語に訳されていないからといって韓国での文富軾さんをめぐる論争をよそ事として眺めるわけにはいかないという具体的な問いかけでもあるだろう。またそれは、この約束を無視し、原著をもとに議論を立てればよいということでも断じてないだろう。

この第五章の削除は、同書全体がなそうとしている道程の困難さを比喩的に示しているのである。すなわちこの原著の第五章の欠如は、たんに「東義大事件」についての記述の削除ではなく、裏切られた希望の残骸から開始することの困難さとして受け止められなければならない。削除は、何の疑いもなく銃を放った兵士と治療監護所に監置された兵士の間を行きつ戻りつしながら進む文富軾さんの道程の困難さを示す徴候であり、削除された章の復活によって補填することのできる欠如ではない。

決死の覚悟や固い政治的決意が閉じた仲良しクラブに帰着するその瞬間に、文富軾さんはすべてを敵に回して自らの弧絶を確保する。記憶への内省とは、世界を拒絶し、この弧絶を確保する作業のことに他ならない。「冥福を祈るな」。そしてその弧絶は同時に、制度にもたれかかる仲良しクラブが、偶然的な関係へと開かれ、集団の外に位置していた他と接する瞬間でもあるだろう。すべてを敵に回す彼の主張が恐れられるのは、舗装された政治過程がジグザグとした道程に侵食されることが感知されている証左であり、だからこそ逆にその道程は、制度化された集団を偶然的な集まりに変え、一つの均質性に向かう集団を、多焦点的に拡散する運動へと変えていくかもしれないのだ。

削除された第五章と、いまだ書かれていない第五章への間には、この弧絶がある。弧絶は、希望を飲み込んでしまった制度が否認しようとした希望の残骸が、多焦点的に拡散する運動へと生成する道程に位置しているのであり、他との関係性が生まれる起点なのだ。そしてだからこそ、この削除された第五章と新たに書かれる第五章の間には、弧絶を欠如として無視したり安易に補填したりすることのないような言葉のありかが、確保されなければならないのだ。

板垣竜太さんと大田昌国さんが文富軾さんと交わした約束とは、まさしくこの言葉の場所を確保することに他ならない。またそれは、既に、弧絶からはじまる新たな関係でもあるだろう。同書を読み、同書について何かを語ることは、いまだ記されていない未来の第五章に向かう道程に、すなわち弧絶が位置する道程に、自らの語るという行為をかかわらせていく営みなのである。その営みを遂行するために私は、自らの言葉への崩壊感へと向かうことが、ぜひとも必要だったのだ。新たな章は、既に始まっている。

註

*1——この文章は、文中にもあるようにガイドライン関連法案をめぐる攻防が大詰めを迎えた一九九九年の春に書かれたものである。その後五月には、いわゆる周辺事態法が成立した。最初はハングルで『当代批評』（サムイン〈ソウル〉一九九九年七月）に掲載され（翻訳、李圭洙）、若干の変更を加えた後、"Japan's militarization and Okinawa's bases: making pease"（翻訳、Wesley UEUNTEN）として *Inter-Asia Cultural Studies* (Vol. 1, No. 2, 2000, Routledge) にも掲載された。若干の訂正を加えたが、基本的にはもとの文章のままである。

*2――島田晴雄「沖縄 草の根の声を聞け」『中央公論』（一九九七年五月）。
*3――新崎盛「どこまで沖縄を踏みにじれば気がすむのか」『週刊金曜日』（一九九七年四月一八日）。
*4――たとえば三島健二郎「橋本総理が問われる『国家の覚悟』」『諸君！』（一九九七年三月）、麻生幾「日本特殊部隊ＳＡＴは動くか」『諸君！』（一九九七年三月）、深田祐介「黄金と生け贄の都」『文藝春秋』（一九九七年三月）、福田和也「橋本はなぜフジモリに負けたか」『文藝春秋』（一九九七年六月）など。
*5――野田宣雄「ペルー人質事件にみる国家の衰退」『THIS IS 読売』（一九九七年三月）。
*6――天野恵一はそれを「危機アジリ」と表現する。天野恵一『反戦運動の思想』（論創社、一九九八年）一八六頁。
*7――たとえば麻生幾「自衛隊員は『玉砕』寸前だった」『文藝春秋』（一九九九年五月号）。
*8――フランツ・ファノン『アフリカ革命に向けて』（北山晴一訳、みすず書房、一九六九年）三七頁
*9――フランツ・ファノン『黒い皮膚・白い仮面』（海老坂武・加藤晴久訳、みすず書房、一九七〇年）七七頁。
*10――この点に関しては Judith Butler, "Endangered/Endangering," Robert Gooding-Williams (eds.), *Reading Rodony King/Reading Urban Uprising*, (Routledge, 1993) が参考になった。
*11――ヴァルター・ベンヤミン「暴力批判論」『著作集1』（野村修訳、晶文社、一九六九年）三〇〜三一頁。
*12――同。
*13――天野恵一『前掲書』五七〜六〇頁。
*14――「それでも『アメ女』たちは黒人兵を追いかける」『SAPIO』（一九九五年一一月八日）。
*15――天野恵一『前掲書』六〜二八頁。
*16――徐勝編『東アジアの冷戦と国家テロリズム――米日中心の地域秩序の廃絶をめざして』（御茶の水書房、

二〇〇四年）参照。

*17——こうした問いかけに関しては、金成禮の次の論文に大きく示唆を受けている。金成禮（伊地知紀子訳）「韓国　近代への喪章」『現代思想』（二六巻七号、一九九八年六月）、金成禮「国家暴力と女性体験——済州四・三を中心に」報告集『二一世紀　東アジア平和と人権』（伊地知紀子訳、一九九八年）。

*18——李静和『つぶやきの政治思想』（青土社、一九九八年）。

*19——この文章は、継続するイラクでの戦争の中で、NGO関係者や投入された労働者をめぐる「人質事件」が頻発したのを受けて企画された、『当代批評』（センガクィナム〈ソウル〉）の特別号『アブグレイブから金鮮一まで』（二〇〇四年九月）に所収されたものである（翻訳、李圭洙）。

*20——太田昌国「罌粟とミサイル」『インパクション』（一二七号、二〇〇一年）、「テロル——『不気味な』アジテーションの根拠と無根拠」『インパクション』（一二九号、二〇〇二年）。この太田の議論を受けておこなわれた次の鼎談も参照。太田昌国・酒井隆史・冨山一郎「暴力と非暴力の間」『インパクション』（一三二号、二〇〇二年）。あるいはこの鼎談を受けて議論を展開した上野千鶴子「女性革命兵士という問題系」『現代思想』（三二巻七号、二〇〇四年六月。後に上野千鶴子『生き延びるための思想——ジェンダー平等の罠』岩波書店、二〇〇六年所収）も参照。

*21——東アジア反日武装戦線については、次を参照。東アジア反日武装戦線への死刑・重刑攻撃とたたかう支援連絡会議編『あの狼煙はいま』（インパクト出版会、一九九六年）。

*22——フランツ・ファノン『地に呪われたる者』（鈴木道彦・浦野衣子訳、みすず書房、一九六九年）一四五頁。

*23——金時鐘『光州詩片』（福武書店、一九八三年）七九頁。

*24——全南社会運動協議会編集、黄皙暎記録『光州五月民衆抗争の記録』（光州義挙追慕会翻訳、日本カトリ

ック正義と平和協議会、一九八五年）二三八頁。

*25――文富軾『失われた記憶を求めて――狂気の時代を考える』（板垣竜太訳、現代企画室、二〇〇五年）一一二頁。

*26――同、一一二頁。

*27――同、一一二頁。

*28――この行方不明者という指摘は、鄭柚鎮さんによる。

*29――こうした記憶にかかわる考えは、一〇年ほど前に本書『戦場の記憶』（日本経済評論社、一九九五年）を刊行したときから続いているが、その後の記憶をめぐる政治と呼ばれる議論への違和感も含め、記憶への自分なりの問題設定を、この本の増補版の出版を契機に記した。冨山一郎「『戦場の記憶』から」（『評論』一五三号、二〇〇六年二月、日本経済評論社）を参照されたい。記憶をめぐる議論への違和感はまた、文富軾さんが前掲書で「記憶の政治」ということばで問題にしていることでもあるが、記憶が政治であるということは、既存の政治への記憶という資源の動員ではなく、政治なる領域を新たに見出すことと一体でなければならないと私は考えている。記憶を政治として設定することは、「革命とは途方もない無意識の生産」（ジル・ドゥルーズ「精神分析に関する四つの提言」ジル・ドゥルーズ／フェリックス・ガタリ『政治と精神分析』杉村昌昭訳、法政大学出版局、一九九四年、三六頁）であるということに他ならず、また意思的行為として想定される政治に記憶を導入することは、政治空間を偶然性に向けて開き、政治を前衛組織から解き放ち、革命を歴史法則とは異なる別の時間に確保することと、密接にかかわるだろう。

*30――文富軾『前掲書』一三〇頁。

*31――それはたんに、文富軾さんの同書にかかわっているだけではない。たとえば鄭暎惠さんが光州の記憶を

自らに問うとき、それは光州とのかかわりを通して未来に向けた自分と自分たちを見出す作業としてある。「『光州』の記憶はこれからも、人々が社会的存在として生きていく上での『関わりの有り様』を映し出す鏡として、記憶の政治上にある磁力線を示す羅針盤として、失われることなく私の中でノイズを発し続けていくことになるだろう。今後いったいどのようなノイズが聞こえてくるのか。それを聞き取る『未来の私』は、『現在の私』をいったいどう見ることになるのだろうか。」（鄭暎恵「『光州』の記憶」今福龍太編『越境の文学 二一世紀文学の創造五』岩波書店、二〇〇三年、一二五頁）。鄭暎恵さんが光州にかかわって想起する、光州の名を自らの運動に横領していた「日本人左派学生」（同、一〇四頁）だったかもしれない私もまた、私の記憶の中から光州の名の在り処を語りなおさなければならない。そうすることで、もし東京に住んでいれば一九八〇年五月に出会っていたかもしれない鄭暎恵さんと、再会できるのかもしれない。というより、たとえば鄭暎恵さんの「『光州』の記憶」と題された文章について何かを語るには、こうした作業しかありえないと思う。

*32——冨山一郎「『インパクト』創刊号」『インパクション』（一〇〇号、一九九六年）四九～五〇頁。

*33——冨山一郎「分析ということ、記憶ということ、あるいは正しい政治」（『日本思想史研究会会報』二三号、二〇〇五年）を参照。あるいは分析ということについては、法則的未来に革命を設定し、未来の革命に向かう運動を担う前衛組織を前提にした上でなされる理論構築から、理論的作業自身が関係を生み出し、革命を今に現出させる営みとしての理論作業へと転轍することを、マルクス主義の中においてマルクス主義の敗北が了解できないという文脈、言い換えればマルクスを超えるマルクスが要請されるという文脈から引き出した李珍景さんの試みを、中央集権的組織の内部から抑圧された情動を政治化していくF・ガタリのいう分析装置（analyseur）という問題設定から考えたいと思う。李珍景『マルクス主義とコミューン主義——コミューン主義者はいかに思考するのか」（藤井たけし・金友子訳『Welcome to the Machine』研究機械〈スユ＋ノモ〉発行、ソウル、二〇〇五年)。ガタリに関しては、とりあえずフェリックス・ガタリ『精神分析と横断性』(杉村昌昭／毬藻充訳、法政大学出版局、一九九四年)が重要だと考えている。

*34――この裏切られた希望という問題系は、文富軾さんの同書にかかわっていると同時に、二〇〇五年一〇月二九日、三〇日の両日に大阪大学人間科学研究科のユメンヌ・ホール行われた田沼幸子さんをはじめとする若手研究者たちによるシンポジウム「ポスト・ユートピア／フィールドからのアプローチ」での討議、ならびにその準備過程においてなされた田沼さんとの対話から多くを学んだ。本稿のIIの「崩壊感」のように、まったく赤面する自分の七〇年代末から八〇年代のささやかな「運動経験」を、経験談とは異なる形で、かつ明示的に話そうと思い立ったのも、この対話に促されてのことである。またこの裏切られた夢(ポスト・ユートピア)とは、とどまることも去ることもできない夢のありかでもあるだろう。この極めてアンビバレントな空間のなかに散乱する夢の残骸に、「フィールド・ワーク」の過程で偶然であった若者たちが、その夢を別の言葉で語りなおそうするこのシンポジウムでの作業は、〈今――ここ〉において夢に新たなリアリティを与えていくことでもあり、その営み自身が夢の始まりでもあるだろう。ポスト・ユートピアのシンポジウムに関しては田沼幸子編『ポスト・ユートピアの民族誌――トランスナショナリティ研究 五』(大阪大学二一世紀プログラム「インターフェイスの人文学」発行、二〇〇六年)を参照。裏切られた希望から始まるのは、変わらない夢を何かにたとえて、崩れちゃそいつのせいにするのではなく、夢の換喩としてある政治自身を、夢との関係において問い直す作業である。いいかえれば、問い直す作業自身が、夢の換喩としての新たな関係を生成させていく、すなわち政治になるような、始まりの起点なのだ。こうした夢の換喩としてのマルクス主義については、李珍景さんとの対話からも多くを学んだ。

*35――文富軾『前掲書』九〜一〇頁。

*36――同、一〇頁。

*37――この「的確さ」は、レーニンの言語を考察したジャン゠ジャック・ルセルクルにおけるスローガンについての議論を念頭においている。レーニンのスローガンをめぐる考察についてはここでは深入りはせず、別に論じるつもりであるが、レーニンへの言及については、文富軾さんの同書と同様、状況を切り開く言葉が前衛党を前提にした政治綱領へと転轍してしまったという、すなわち既に裏切られているという地点から、検討を始めなければならない。以下、ルセルクルの該当部分だけを引用しておく。「正しいスローガンはそれが情勢において働くといった意味で情勢に嵌め込まれているが、その意味で正しいスローガンは正しくも的確な juste のである。情勢における適切な瞬間‐機制に名称を与えるスローガンとスローガンが意味を持つことを可能にする情勢との間には、反省的な円環‐循環性が存在する。意味のこの情勢性は正しくも的確という概念において表現‐捕獲される。すなわち、正しいスローガンは真 true ではない。それは正しくも的確 just (e) なのである」。ジャン゠ジャック・ルセルクル「レーニン、正しくも的確な者」(長原豊訳『別冊情況 レーニン〈再見〉』二〇〇五年九月)二六〇頁。

*38――ここで、崩壊している言葉とそうでない言葉の言語分類を、想定してはならない。構造化されたラングと情動的なパロールを分類するのではなく、「言語《ラング》そのものを吃らせること」(ジル・ドゥルーズ『批評と臨床』守中高明・谷昌親・鈴木雅大訳、河出書房新社、二〇〇二年、二一六頁)が重要なのだ。「臨界は言語活動の外にあるのではない。それは言語活動から生じる外なのだ」(同、九頁)。

*39――文富軾『前掲書』二三九頁。

*40――同、四七頁。

*41――ガッサーン・カナファーニ「ガザからの手紙」(岡真理訳『前夜』創刊号、二〇〇四年秋)二〇八頁。

*42——あるいはこういってもよい。この「なぜ?」に「何も生まれてこない」という評価をすぐさま下すことのできる天下国家を論じる者たちの欲望から身を引き剝がすために、と。それはこのクレバスを気にもとめない者たちが繰り返す政治の問題でもある。関連して、文富軾『前掲書』に所収されている板垣竜太の「訳者あとがき」の最後の部分を参照されたい。
*43——文富軾『前掲書』一三〇頁。
*44——T・K生「誰が来る春をとめられよう」(『世界』四四七号、一九八三年二月、岩波書店)二二一頁。
*45——同、七三頁。
*46——同、二四二頁。
*47——同、一九〇頁。
*48——同、一九頁。
*49——同、二七頁。
*50——同、二八頁。
*51——同、一七八〜一七九頁。
*52——この水準とは、言語分類の一つのことではない。注38を参照。
*53——文富軾『前掲書』所収の板垣竜太の「訳者あとがき」を参照。

初版　あとがき

本書の各章は、これまで戦場について考えてきた以下の論考が対応しているが、Ⅰ章とⅣ章は、基本的には書き下ろしたものである。

Ⅰ章　戦場に思考すること……「戦争動員」(『脈』四四号、脈発行所・那覇、一九九一年)
Ⅱ章　戦場動員……「戦争動員と戦場体験」(『日本史研究』三五五号、日本史研究会、一九九二年)、「ミクロネシアの『日本人』」(『歴史評論』五一三号、一九九三年)
Ⅲ章　戦場の記憶……「忘却の共同体と戦場の記憶」(『寄せ場』六号、日本寄せ場学会、一九九三年)、「記憶の政治学」(『aala』九五号、日本アジア・アフリカ作家会議、一九九四年)、「戦場の記憶」(『現代思想』二三巻二号、一九九五年)
Ⅳ章　記憶の政治学……「CD評　OKINAWA JINTA」(『インパクション』八九号、一九九四年)

まとまりきらないこれらの論考を、一冊の本にした理由のひとつには、本書が発刊されるであろう一九九五年がちょうど戦後五〇年であるということが、やはりある。この期を契機に登場する多くの戦争の語りのなかで、これまで自分が考えてきたことを定置したいという思いがあった。したがって、本書の出版は研究成果のまとめというよりも、やや戦略性を帯びたものだといえよう。

もちろん自分の研究史のなかでは、本書は、前著『近代日本社会と「沖縄人」』（日本経済評論社、一九九〇年）に続くものである。前著で沖縄を扱ったとき以来ずっと、沖縄戦の話をぬきに沖縄は語れないという気持ちがあったので、ともかくも本書をまとめることができてホッとしたというのが、いつわらざる気持ちである。だがいまから思えばこの数年間、こうした戦後五〇年や自分の研究史とは別のところで、戦争あるいは戦死というテーマに呼び寄せられるように、文章を書いてきたように思う。

一九九〇年末から一九九一年に起こったあの湾岸戦争は、おおげさな戦争遂行の大義とは裏腹に、戦争がいかに陳腐なものであるかを暴露してしまった。この戦争では、我々がテレビのブラウン管を見る視線は、いとも簡単にイラクを攻撃するアメリカ軍パイロットのそれに重ね合わされてしまった。また戦争を語るのには、なんの特別な倫理も理屈も必要なく、ただテレビゲームを楽しむときのあのいつもの興奮のもとで戦術を論じていればいいのだということも、ばれてしまった。それほどまでこの戦争は、日常に埋没していたように思う。おびただしい死者の数にもかかわらず、変わることのない日常のなかでこの戦争は楽しく語られ、そして忘れ去られていったのである。そこにはゲーム・オーバーの表示のような、デジタル化された死があるだろう。そのあまりの稀薄さに、「湾岸戦争はなかった」といってしまった人もいたほどである。

もちろんアメリカは中東に軍事的足場を築き、それは政治的にもアラブ穏健派の囲い込みとして展開した。またブッシュは、信じられない支持率を獲得した。でも私たちの日常についていえば、予期していたような大きな変化は起こらなかった。というよりも、あっさりと戦争が遂行されてしまったといった方がいいかもしれない。だが逆にいえば、それは戦争はいつでも、そしてどこでも遂行可能であるということを意味している。日常は、とっくの昔から、すでに戦場にあるのだ。日常から戦場を引き出し、次に戦場という臨界領域から日常を再構成するという本書のモチーフの底流には、こうした湾岸戦争の記憶がある。

一九九五年のはじめに北京に滞在したとき、北京大学で歴史学系の研究者と話をする機会があった。そこで、中国における日本侵略史研究のひとつのポイントが、日本の植民地主義のなかに今日につながる近代化を見い出す作業であることを知った。とりわけこうした視点は、台湾ならびに中国東北部の研究において盛んになりつつあるという。少し乱暴ないい方をすれば、近代化（中国では「現代化」という）がゆるしがたい至上命令になるなかで、過去の記憶がぬりかえられつつあるのだ。しかし重要なのは、植民地主義に近代を見い出すことよりも、近代のなかに植民地主義を見い出す作業であると思う。いいかえれば、戦前期の日本における他者に対する排外主義や暴力を過去の凶暴な帝国主義の問題に限定してしまうわけにはいかないのである。暴力は、平和国家ニッポンの内部にもち越されている。

今日、むき出しの暴力が政治の主流になりつつあるように思う。これまでに非暴力の政治が存在したなどというつもりは毛頭ないが、B・アンダーソンのいう「遠隔地ナショナリズム（Long-Distance Nationalism）」（B. Anderson, *The New World Disorder*, *New Left Review*, No. 193, 1992. 1）は、世界的規模で拡大している移民、難民と呼ばれる人々の国境線を越えた移動が、国民国家を無秩序にしかも暴力的に解体していくことを暗示している。とりわけそれは、かつて植民地を支配した経験をもつ国々における、帝国の記憶の回復と関連している。かつて帝国の中心に位置していた国々におけるポスト・コロニアルな状況とは、新たに展開してきた国民国家のゆらぎのなかで多文化主義が登場するというよりも、戦後における帝国の消滅という思いこみが、徐々に暴露されていく事態であるといったほうがよいだろう。

したがって、拡大する移民や難民の移動のなかで論じなければならないのは、文化の多元性ということよりも、かつての帝国におけるコロニアリズムとの関連性ではないだろうか。とりわけ、かつての植民地主義が持っていた暴力性を、ポスト・コロニアルと呼ばれる今日の状況のなかでどのように設定し直すかという点こそ、急務だと考えている。いいかえれば、文化多元主義的な状況の背後には、いつも暴力による決定的な二元法が潜んでいるのであり、こうした二重状況が、本書のやや理論的な問題意識と関連しているのである。この二重状況については、今後も理論的なレベルにおいて、議論をすすめていかなければならないと考えているが、本書でも展開したように、身体性と記憶という問題が今後の考察のポイントになるだろう。

＊

京都大学学士山岳会と中国登山協会の合同登山隊の、梅里雪山《メイリーシュエシャン》での連絡途絶の報がはいったのも、湾岸戦争が遂行されていた一九九一年の一月上旬だった。深夜、大学からの寄宅途中のタクシーのなかで聞いたラジオ報道で、この登山隊に多くの友人が参加しているのを知った。その後、一月二五日の捜索打ち切りをもって、一七人全員の遭難は確定的なものとして受け入れられていった。私にとってはほとんどリアルな確証がえられないまま、学士山学会の発表と新聞報道が繰り返され、「連絡途絶」から「全員遭難」へと事態は展開していった。ゴア（友人のあだ名）は、いつのまにか死んだのだ。この過程で感じた違和感は、今でも鮮明に覚えている。

この違和感は、その後の追悼というセレモニーで、急激に私のなかで膨らんでいった。とりわけその死に対し、「日中友好の礎」というもっともらしい飾り文句が付与されたとき、そんなものだと思いながらも、センチメンタルな怒りを感じてしまった。こうしたなかで私は「日中友好の礎」ではない別のゴアの死を探りはじめたように思う。それは、安田武と徳澄正との会話にも似ていたかもしれない。やはり橋川文三がいうように、友人の死ではなく死んだ友人が問題だったのだ。

「全員遭難」が確定的になるなかで、ゴアの友人たちの間では、ゴアのお化けが話題になった。タイ北部の農村調査にはいっていたゴアの友人の連れ合いが、遭難打ち切りの一月二五日に、ゴアの夢を見たというのだ。梅里雪山とタイ北部の国境付近は、けっこう地理的に近い。ゴアの夢を見た彼女は、ゴアとは面識もなく、顔も知らない。でもその後の新聞報道で、自分が見たのは確かに彼だったというのだ。ちなみにそのときのゴアは、タイ北部の山岳民族の衣装を着ていたそうだ。

沖縄には、沖縄戦にかかわる怪談話がたくさん存在している。戦記ものとして文字化されない戦場の記憶は、沖縄のあちらこちらの場所に怪談話を生みだしたのである。また本書でふれた知念功の話も、基本的にはお化けの話である。本書では主題的には扱えなかったが、いずれ、車座になって泡盛を飲みながら聞いたあのゾクゾクするお化け話に、戦場の記憶という問題を設定して考えてみたいと思う。

もちろんここで、梅里雪山での友人の死を、戦場とかかわらせて述べているのではない。安田武は戦中派らしくみずからの戦争体験と対比しながら、山で遭難する若者を「無謀な死」として批判しているが、当然ながら山での遭難と戦場での死は、別物である。だが私にとって、湾岸報道の喧騒のなかでしだいに演出されていったこのもう一つの死が、本書の執筆へと私を駆り立てていったことは確かだ。

一九九五年の二月から四月上旬にかけて中国の北京に滞在した時に、本書は執筆された。北京へ着いてまもなく、古くからの友人であった金沢大学の浅野純一氏が北京外国語大学日本学研究センターにいることを知った。私の住んでいた北京大学勺園四号桜と彼の住んでいた有宜賓館とは、無理をすれば歩いていける距離だったせいもあって、暇を見つけては勺園四号桜とは比べものにならない立派な彼の部屋におしかけて、夜遅くまで談笑するのが日課になった。私も彼も酒が好きで、最初は北京ビールからはじまり、興がのってくると長城ワイン、ラオチュウ、マオタイとすすみ、そのたびに彼の部屋に泊まる羽目になった。

この一泊旅行をくりかえしながら、中国文学の専門家である彼と行った議論が、本書の内容や構成に反映している。また彼との議論は、植民地主義や戦争にかかわるものだけではなかった。浅野氏は、梅里雪山の第一次救助隊のメンバーだったので、必然的に話題はたびたび梅里雪山の話になった。沖縄、戦争、中国、植民地主義、梅里雪山、ゴアの話などが、酒とともにぐるぐると旋回しながら、本書の基本的な構成を生みだしたといってよい。議論につき合ってくれた浅野氏に、お礼を申し上げたい。彼はどう思っているか知らないが、I章やIV章は彼との共同作業である。その他にも、無理やり議論に巻き込んでしまった北京大学に留学中の浜田麻矢さん、加藤久美子さん、どうもありがとう。

清明節にあたる四月一日、浅野氏の発案で、北京郊外にある梅里雪山の慰霊碑に、墓参りに行くことになった。京都大学山岳部に所属していた共同通信社北京支局の中川潔氏や、京都大学大学院生で北京大学に留学している末永高康氏らとも連れだって、マイクロバスをチャーターし、慰霊団よろしく人造湖のほとりにある慰霊碑に向かった。よく晴れわたったその日、初めてみたその碑には、梅里雪山の名も、ゴアの名前も記されていなかった。それでも私たちは、この無名戦士の墓の前で、ゴアたちとともに山の歌を歌った後、北京に戻った。

今度も、日本経済評論社の宮野芳一氏にお世話になった。心より感謝します。本書は、妻のさくらと息子の小太郎、娘のはなに捧げます。

一九九五年五月の夜　アメリカ合州国ニューヨーク州イサカにて　冨山一郎

増補版　あとがき

友人となじみの場所に行くと、店のひとが、「もう無理なのはわかっているけれど」と呟きながら、反戦を求める小泉宛のハガキをくれた。二〇〇三年三月九日、深夜のことだ。その時の彼女の硬い表情を忘れまい。多くの人々が、多忙な毎日の生活から貴重な時間を絞り出し、さまざまな場所で「殺すな」と唱えた。それをやりすごすことができると考えた者たちは、消え去ることのない怒りが、この声の背後で静かに凝固し始めていることに、いずれ青ざめることになるであろう。

沖縄ではイラク攻撃反対の声が、九〇パーセントを超えた。その横で、米軍基地の警護が強化され、基地の地元警備員には銃が配備された。警護として彼らが構えさせられるその銃口は、間違いなく彼等自身の生活空間に向けられている。国益の為に銃を構えさせられている者たちが生きる場所は、銃口が向けられる対象であり、また同時に国益からは排除されている。これが、日本と米国が沖縄という地において一貫して行ってきたことである。国益なるものが、大量殺戮の上に成立していることを、しっかりと見据えなければならない。そして今、イランへの攻撃が取りざたされるなかで、増補版へのあとがきを書く。

忘れてならないことは、記憶を誰かの持ち物にしないことである。『戦場の記憶』で述べたことは、「沖縄の記憶」でも「日本の記憶」でも、ましてや「体験者の記憶」でもない。だがそれは、たんなる所有格にかかわるカテゴリーの問題でもない。記憶を、死者を追悼する国家と同じ言葉で語ってはならないという意味である。

また忘れてはならないことは、痛みを誰かの持ち物にしないことである。『戦場の記憶』で述べたことは、「沖縄の痛み」でも、「日本の痛み」でも、ましてや傷を負った個人の痛みでもない。それはたんにカテゴリーの問題ではなく、個人であれ集団であれ、病人を治療する医者と同じ言葉で痛みを語ってはならないという意味である。

戦場が私たちの生きている日常と連累しているということは、日常性批判を要請する。すべてはここから始まるのであり、だからこそ戦争を語ることは、固められた正しさや真偽の判定ではなく、自分もだまされているかも知れないということが、基本的前提になる。あるいは戦場が、私たちの生きている日常と一貫して繋がっているということは、あらゆる戦場にかかわる記憶や痛みが、場合よっては自分の物でもあるかもしれないということだ。だがここでも重要なことは、記憶や痛みの新たな所有形態を論じることではない。そんなことよりも、記憶や痛みにかかわる言葉の根っこの部分でなされている主張を、決して集団や個人に封じ込めることなく、戦場と接続してしまった日常性への批判として拡張していくことこそが、重要なのだ。

ところで記憶や痛みを誰かの持ち物にしないということは、翻訳ということにもかかわっている。同書は、二〇〇二年には韓国で任城模さんにより翻訳され、移山出版より刊行された。記憶や痛みの言葉は、未完のそして生成中の関係にかかわるのであるが、他方で翻訳は、とりあえず二つの共同体を前提とする。またさらに、記憶や痛みをめぐる議論自身がすでに、既存の共同体を前提とした所有格において流通している。したがって翻訳は、生成する関係性をすぐさま共同体に癒着させることなく確保し続けることを、テクストに、あるいは読み手に求めることになる。それが現時点でどこまでうまくいったのか、はっきり述べることは難しい。ただ、同書をきっかけに私は、文富軾さんが編集する『当代批評』に文章を書き、また彼の本も、そのような記憶にかかわるものとして受け止めようとした。

こうしたやり取りの具体像を示そうとして、増補版の刊行にあたり、『当代批評』に掲載された文章ならびに文富軾さんの本の書評を再録した。私の文章を翻訳してくださった李圭洙さん、あるいは文富軾さんをはじめ編集に携わった方々、藤井たけしさん、そして最初に『当代批評』

に書くことを勧めてくださった李静和さんに、心より感謝します。またこの翻訳が媒介となって、ともに討議を重ねていける関係も複数生まれている。増補版に文章を寄せてくださった鄭柚鎮さんもその一人だ。また、今度の増補版の刊行に際して、日本経済評論社の安井梨恵子さんには、いつ完了するかわからないわがままな作業に辛抱強く付き合っていただいた。ありがとうございました。

最後に、先の「あとがき」に記した「ゴア」についてふれることをお許しいただきたい。彼の体は、遭難から一〇年余りたった二〇〇〇年の九月、ゆっくりと流れる氷河の中から現れた。この本を北京で書き始めていた私にとって、「ゴア」は、死者にすぐさま所有格をつけないための、文字通り亡霊として思考するための、ジッヘルでもあった。今、どこにいるのだろうか。

二〇〇六年五月三日　新緑の吉田山

冨山一郎

補論の初出は以下のとおりである。

1 平和を作るということ……(翻訳 李圭洙)『当代批評』一九九九年七月

2 経験が重なり合う場所……(翻訳 李圭洙)『当代批評特別号 アブグレイブから金鮮一まで』二〇〇四年九月

3 裏切られた希望、あるいは希望について……『日本学報』大阪大学大学院文学研究科日本学研究室、第二五号、二〇〇六年三月

増補版によせて——散乱する言葉、あるいは言葉を呼ぶ言葉

飴ちゃん

「今日ね、ゆじんのところに行ってね、おいしいアメちゃんを用意しておいたわ。食べてね……」

「アメちゃん？　え、何で？」

「あんた、まだその家になじんでないでしょ、アメちゃんのように、なんかかさかさ音をたてるものがあればね、ちょっとでも慣れやすくなって、ゆじんが帰りたくなるところに、なるんじゃないかと思って……」

「……、分かったわ。ありがとう。じゃあね」

学生運動にかかわって手配中だった一九九一年正月、学校から家に戻るという生活のできない

状態になってしまった私は、親から離れ、小さなアパートで一人暮らしをしていた。お母さんに会いたい時には、人目を盗み、公衆電話で話をしたりしたものだった。周りの人は、いつ警察に捕まえられるか分からないという不安感と監獄行という別の不安を気遣い、大変でしょうと心配してくれた。が、私にとっては、二〇年あまり暮らしていたホームという空間、家という休みの場を失ってしまったという悲しみ、自由に家族や友たちに会うことができないというある関係に対する喪失感が、逮捕に対する不安よりもっと深い傷になっていた。

修学旅行やゼミ旅行においてすら、わくわくする気持ちより不慣れなところへ移動することに対する恐さに近い緊張感をまず覚えてしまう、そんな根っから方向音痴で心配性の私。そういう私のことが心配で心配でたまらなかったお母さんは、子どものときの私の大好物であったアメちゃんを、ひんやりした部屋にのこしたのだった。鮮やかな色のアメちゃんを、何とも言えない気持ちでぼんやりと眺めた。どうしてお母さんは、かさかさとする音が私の助けになると考えたのだろうか。アメちゃんのかさかさとする音と私が自分の状況に慣れるということとは、どういう関係にあるのか。疑問を抱きつつ、アメちゃんとの同居を始めた。

娘の一大事に代わってあげられないというお母さんの苦痛。アメちゃんというモノの力を借りてでも私に慰めを与えようと、私の痛みを分有しようとしたお母さん。見るだけで胸が詰まってしまい、一個たりとも食べられなかったアメちゃんは、ずっと私の身体に寄り添っていた。こうして私は、とにかく時間ということに耐えるようになった。

それから一五年も経った今でも、時折お母さんは呟く。ソウルの東の方には、いまも行きたくないわ、と。私もよ、と独り言のように、顔を見合わせないままで答える。互いに見合わせるのを拒否している身体……。お母さんもまだ痛いのだろうか、少し驚く。知らないうちに、彼女と私は、私が通った大学を指すソウルの東の方という合言葉まで創り、使っていた。学校名さえ口にしたくないお母さんの気持ち、彼女の身体の記憶。一五年前のことの記憶を拒否しようとするお母さんと私の身体は、まだ痛いのだろうか。身体と身体のあいだにまつわる言葉は、まだ痛いのだろうか。アイデンティティには身体の構造が刻まれており、自分が誰であるのかを示すしぐさや顔立ちやしるしが刻まれているというエレイン・スカーリの眼差しを、痛みという感情と言葉のあいだを、かさかさとする音と身体の変容との関係を、再び考える。

言葉が言葉へ

「暴力は新たな暴力を承認すると同時に、暴力の痕跡と現在の暴力の存在を否認する。だから平和を作るとは、幾重にも折り重なった否認の構図を、一つ一つていねいに問題化していく作業なのである。こうした作業のなかで暴力の痕跡は再度編集しなおされ、現在の暴力は顕在化される。そして暴力により構成された時間と空間が溶解し出すとき、この世界とは異なった新たな社会性が見出されるに違いない。それを平和とよぼう」。

一九九九年夏、『当代批評』に発表された冨山一郎の論文、「平和を作るということ」。平和協定・平和統一・平和定着という言説と守るべき平和あるいは制度としての平和をめぐる議論が乱舞すればするほど、ますます萎縮してしまう政治の領域とは何だろうか、こうした議論の活性化によってさらに回収されなくなる平和とはどういうことなのか。このいらいらした悩みは、冨山の言葉に救われた。同時に、暴力により構成された時間と空間ということは、結局のところ痛いという記憶を記憶する身体であり、それゆえ、平和を作るとは、幾重にも折り重なった否認の構図を、一つ一つていねいに問題化していく作業でしか語れないという彼の炯眼は、私の定型化された既存の言語秩序を揺るがし、崩壊させた。自身の言葉が崩壊させられるという体験、その出来事には、言葉の散乱ということが伴う。娘の大変な状況に代わってあげられないというお母さんの苦しむ身体から生まれ、彼女にぶつかり私に辿り着いたアメちゃんが、私の身体を経由しもう一人の私へ向かって弾んでゆくように。その散乱の過程で暴力により構成された時間と空間、つまり身体の記憶と痛みを記憶する身体は、生滅しつづけ、そのプロセスのなかでこの世界とは異なった新たな社会性が見出されるようになるのである。

彼の指摘通り、「記憶は、言説ではなくまずもって身体と実践を構成するのである」。で、求められているのは、記憶という標本、あるいは標本としての記憶ではなく、記憶にまつわる関係という時空を問題化する営みであり、その関係をめぐる交渉、つまり政治ということをめぐる競い合いであり、せめぎ合いなのである。ある証言、または傷痕に出会うということは、経験を鏡としながら歴史ということを補填しようとする、個別性から一般性を引き出そうとするような、一方的かつ道具的な行為では、決して、ない。それは、彫塑と同様、記憶を受け取ったり与えたりする受動と能動という作業が、同時にそして永続的に変奏曲を奏でていくような、多方的かつ創造的な行為である。そういう時にのみ、痛みに出会うということは、自己への抗いの拠点としての意味を獲得し、可能性を孕む兆候として再設定されうる。記憶そのものが可能性ではないかならこそ、私たちは、そして私は、記憶を取り囲んでいる周辺、そのもやもやした空間から、関係ということを作り出さなければならない。しかもそれは、言葉として。

冨山は、『近代日本社会と「沖縄人」』（日本経済評論社、一九九〇年）のあとがきで、現場を共有できない分断された状況から、共感をつくり上げなければならないという苦悩を語り、「しかし私に関していえば、本書を書き上げたことにより、もうすこし緊張せずに沖縄へ足を運ぶことができるようになったことだけは確かだ」と述べた。それは、主体性と連帯ということにかかわる彼自身の痛みという身体感情に対する凝視であり、告白である。また、彼は、『戦場の記憶』のハングル版序文で、「この呪われた世界から言葉を注意深く紡ぎ、暴力に抗する可能性をわれわれの可能性として思考することこそ、誰の言葉であれ、言葉にふれることのできる者たちが、なすべきことである」と書き続け、自分の告白を再確認しつつ精密な言葉で人に介入という行為を促す。戦友という関係が浮かび上がってくる瞬間に、それを戦場に引き込んでいき、戦場においてその関係を再構成しようとする奥崎謙三のように、「きよつけ」、「おはようございます」という日本語の発話をくりかえし、観光という文脈では分節化できない新たな政治の空間を広げようとするハルビンの親父のように。そして、「私の身体よ、いつまでも私を、問い続ける人間たらしめよ」と切望するファノンのように、冨山は、絶えず言葉を紡ぎだす。

言葉が言葉へ語りかけ、言葉が言葉を呼ぶ。身体の変容と散乱しつづける言葉たち……。

＊

「沖縄に関する本が出たよ。ゆじんが読むべきだぞ。あなたは、沖縄留学もしたじゃん」。

二〇〇二年夏、おきなわという言葉に呼び覚まされて、すぐさま手に入れた『戦場の記憶』。「象の檻」のそばで黙々と働く人々の姿を描いた表紙（戸井昌造作）を、じっと見つめてから読み始めたハングル版の序。え！　何これ、言葉を紡ぐのも大変なのに……。言葉にふれることのできる者たちがなすべき……って。ストンとさせる文章に圧倒され、読む気力を失ってしまった私は、まず本を閉じた。いや言葉に襲われ、閉じざるを得なかった。「言葉にふれることのできる」とは、いったいどういう事態なのか。システムのなかでの自分の存在を自覚するという、あるブレのような事件、または関係という未知の空間への不安定な進入……？　考えるだけでメマイがする。そして、そのメマイから脱出するためには、どのような言葉を見出すべきなのか。くらくらする感覚とともに、問いはつづく。

「駐韓米軍犯罪根絶運動本部」運営委員
おしゃべりからはじまる〜知と生の空間「すだ（수다）工房」会員
鄭柚鎮（정유진）

【著者紹介】

冨山 一郎 (とみやま いちろう)
1957年、京都市生まれ。
1997年より、大阪大学大学院文学研究科助教授。
著書に、『近代日本社会と「沖縄人」』(日本経済評論社、1990年)、『暴力の予感』(岩波書店、2002年)がある。

増補 戦場の記憶

2006年7月1日 初版第1刷発行

著 者 冨山一郎
発行者 栗原哲也
発行所 株式会社日本経済評論社
〒101-0051 東京都千代田区神田神保町3-2
電話 03(3230)1661
Fax 03(3265)2993
振替 00130-3-157198
装幀者 奥定泰之
印 刷 藤原印刷株式会社
製 本 山本製本所

四六判(19.4cm) 総ページ332
ISBN4-8188-1851-8
日本経済評論社ホームページ http://www.nikkeihyo.co.jp/